創価学会を語る

佐藤 優
Masaru Sato
松岡幹夫
Mikio Matsuoka

第三文明社

まえがき

佐藤優という人との出会いは、私にとって大きな驚きであり、また幸福でもあった。佐藤さんほど創価学会の本質を鋭く見抜き、明快にかつ堂々と語る有識者を、私はほかに知らない。このことは、実際に本書を読んでもらえばわかると思う。

対談が終わって懇談の場に移ると、佐藤さんの語り口はいよいよ冴(さ)えてくる。耳に残って離れない言葉も、いくつかあった。対談集には収録されていないため、ここで紹介しておきたい。

「日本の小さな枠で考えていてはいけません。創価学会は、これから日本発の初めての世界宗教になっていきます。将来、世界の三大宗教はキリスト教、イスラム教、創価学会になるでしょう」

「池田先生が悟りを開いているのは、信仰を異にする私でさえわかります。客観的に見て、そうとしか言いようがない。これまで成し遂げてきたこと、これから成し遂げつつあること、立ち居振る舞いに至るまで、すべてが悟りの客観的な証明です」

「釈尊では遠すぎる。日蓮から始まる仏教にしなければならない。そして、池田先生を中心とする教学をつくるべきです」

佐藤さん独特の大きな鋭い目で、私の目をしかと見据えながら、こう語るのである。とりわけ池田大作ＳＧＩ（創価学会インタナショナル）会長に対する尊敬の念は深く、いささかのぶれも感じさせなかった。今振り返ると、私は毎回、佐藤さんから、創価学会は万事において池田会長を中心とすべしと教わっていたような気がする。「仏法を護る神々、すなわち諸天善神とは人間のことでもある」という趣旨の池田会長の言葉がある。創価学会から見て、佐藤優氏は二十一世紀に現れた人間の諸天善神であろう。

私が佐藤さんと初めて会ったのは、二〇一四年七月一日のことである。もう夏の日差しがまぶしかったその日、新宿区内の曙橋駅近くにある、佐藤さん行きつけの日本料理店で、昼食を共にしながら語り合った。打ち解けていくうちに、お互い共通点が多いですねという話になった。佐藤さんの自宅は、私の家から歩いて十分ほどの近所にある。また、私たちはほぼ同世代で、共に信仰を持つ家庭で育ちながら地元の県立高校に進み、大学は信仰者を創立者とする大学（同志社大学と創価大学）に進んでいる。その後、佐藤さんは大学院を出て外務省に入り、私は大学院を中退して日蓮正宗の大石寺で出家した。

佐藤さんは、「国策捜査」によって五百十二日間も勾留されたという。一方の私も、当時の阿部日顕法主（ほっす）が信徒団体の創価学会に宣戦布告した一九九〇年末から、根拠もなく「学会のスパイ」と見なされ、寺のなかで監視される生活が始まった。阿部氏は満座の前で私を名指しで罵倒（ばとう）し、その後も直接電話をかけてきて「お前がいると皆が不幸になる」と還俗（げんぞく）を迫った。どこへ行っても白い目を向けられ、ときには僧侶仲間に尾行される。そんな日々が、有志と同盟を結成して宗派離脱するまで、約四百五十日間続いた。

実は、伊豆の下田での対談を終えた帰途、宗門事件の現場も見てもらおうと富士宮市に向かい、二人で大石寺の周辺を見学した。物々しい塀に守られて外部を拒絶する本山の様子を見て、佐藤さんが「まるで東京拘置所みたいですね」とつぶやいたのが記憶に残っている。自分も及ばずながら〈監獄〉で闘ってきたのか——そうあらためて気づかされた。

もちろん、佐藤さんと私とでは歩んできた人生のスケールが違う。佐藤さんは今や日本を代表する知性であり、私は宗教界の一隅（いちぐう）で改革を唱える僧侶にすぎない。それでも、私は佐藤さんに強い親近感を覚えるし、佐藤さんも私の来歴に共感してくれた。佐藤さんは、拙著『日蓮正宗の神話』（論創社）を読み、長く宗門と戦い続けてきた僧侶で、同時に研究者でもある私に興味を抱いたらしい。最初の面会のとき、「日顕法主の前で立ち上がり、殴られて寺を出てきたんですね。そこがいいんですよ」と思いがけないところをほめられ、困惑したものである。

私は、宗派離脱の後、三十五歳で大学院に入り直し、二〇〇五年に何とか博士論文を出版した。田中智学や石原莞爾、宮沢賢治等々、戦前の日蓮主義者の社会思想がテーマであり、周囲からはその研究の継続を期待された。だが、私のなかでは、過去の仏教よりも現代の仏教をどうとらえるかという問題のほうが大きな関心事だった。創価学会は戦後、世界百九十二カ国・地域に教勢を広げ、歴史上、初めて人類的な仏教者の連帯を築き上げた。ところが、日本国内を見ると、創価学会と公明党は常に激しい批判にさらされている。このギャップは何なのか。疑問を持つ人は多い。創価学会の内在的論理を肌感覚で知り、日本の知識人の考え方もわかる私には、この疑問に答える責務がある。そう強く思った。

そこで、創価学会の思想を読み解く本を書くようになり、思想家や評論家等、いわゆる論壇の人たちとも語り合った。が、しかし、本当に満足できるような議論は一度もできなかった。およそ彼らは宗教の論理を知らない。というより、知ろうとしない。信仰に生命を懸ける学会員の心情を無視して「学会の折伏はやり過ぎだ」と安直に非難する。

宗教で社会を善くしようとする者が教団の発展を第一に願うのは当然なのに、それも「学会は自分たちの利益しか考えていない」という見方になってしまう。世間的な尺度でしか宗教を見ない「宗教音痴」が、実に多かった。マスコミや出版関係者も大同小異で、ある大手出版社幹部にいたっては「池田大作に思想なんてないでしょう」「ゴルバチョフが学会をほめているのは要するに金ですよ」などと、私に真顔で言う始末だった。

佐藤優氏に関しても、話をする前は「いったい、どんな人だろう」との思いが正直あった。創価学会を高く評価していることは、前から聞いていた。しかし、学会や公明党の動向が自分の考え方に沿わなくなると、途端に批判的になる人も多く見てきたから、すぐには判断しかねた。それが、実際に会ってみると、とにかく信仰第一の人である。「松岡さんはちゃんと朝晩、勤行していますね。顔を見ればわかります」とまで言う。佐藤さんは敬虔なクリスチャン、私は仏教の僧侶である。互いに信仰は違うけれども、宗教の論理で物事の本質を見抜いていく点では完全に一致した。

佐藤さんは、創価学会を「本物の宗教」として評価する。だから、政治の動きだけを見て、学会に対する態度を変えることがない。宗教的な視点で社会の動きをとらえることができる、日本でただ一人の有識者が佐藤さんであろう。宗教学者や仏教学者といっても、宗教を社会現象として外から観察しているにすぎず、宗教の内実を知るわけではない。これに対し、宗教の核心から近代の理性に斬り込んでいくのが佐藤さんである。その群を抜く眼力は、仏教の真理にも迫っている。キリスト教も突き詰めれば仏法になる。「一切法即仏法」を説く日蓮仏法ではそう教えるが、まさに佐藤さんはそれを地で行っている感がある。

対談は、創価学会について一般に疑問に思われていることを踏まえながら、それぞれが自由に意見を述べ合うスタイルで行われた。この対談集が、本当の創価学会を知るうえで何らかの助けになれば、この上ない喜びである。

松岡幹夫

二〇一五年十月十三日

創価学会を語る■目次

装幀・カバーデザイン／カズクリエイティブ
本文レイアウト／安藤 聡
写真／アズ・フォトオフィス

第1章 変わり続ける「生きた宗教」

学会の「内在的論理」解明の大切さ

松岡幹夫　佐藤さんの『創価学会と平和主義』（朝日新書）を読ませていただいて、あまたある創価学会研究のなかでも画期的な著作だと思いました。

佐藤 優　ありがとうございます。あの本にも引用があるとおり、松岡さんのご著書から教えていただいたことも多いのです。

松岡　創価学会の外側に立ち位置を持つ佐藤さんが、「創価学会の内在的論理」を解き明かそうとされたという点に、特に感銘を受けました。

佐藤　創価学会についての誤解の一つに、「有識者が学会に近づくと、金で買収されて身動きが取れなくなる」というものがありますね。実際に学会について論じてみれば、そんなことはないとわかるのですが。

松岡　さて、この対談の通しテーマは「創価学会とは何か」です。創価学会について、縦横に語ってまいりたいと思います。

佐藤　創価学会は「生きた宗教」であり、二十一世紀においてもなお、宗教というものが信者の生活全体を律しています。宗教で全生活を律する人たちのなかには、危険な人たちもいますね。たとえば「IS（イスラム国）」[*1]がそうです。創価学会はそうした方向の対極にあって、平和というものを根底に据えている。しかも「此岸（この世）性」を持っている。つまり、常に現実に立脚している点がすごいと思います。

「御利益宗教」という安っぽい揶揄の言葉があって、創価学会もしばしばその揶揄をぶつけられるわけですが、そもそも現世で御利益のない宗教なんて、此岸性を担保できないから何の意味もありません。

松岡　先ほどの「学会を肯定的に論ずる識者は買収されているのだろう」

＊1　**イスラム国**　イスラム教スンニ派の過激派組織。二〇一四年六月末、イラク北西部からシリア東部にかけての一帯を占領し、「イスラム国」の樹立を宣言。ただし国際社会は独立国家として認めておらず、緊張状態が続いている。

という先入観も、要は拝金教的な価値観で創価学会の論理を推し量る姿ですよね。その意味で、「御利益宗教」という揶揄と通底しています。

佐藤　そうなんですよ。自分が金で転ぶ人間だから、「アイツもきっと金で転んだに違いない」と下衆の勘ぐりをしているだけなんです。

松岡　拝金教の価値観、言い換えれば資本主義の論理で宗教を推し量ろうとするから、創価学会についての公開情報は「どうせ裏があるんだろう」と最初から疑ってかかる。そして、出どころの怪しいインサイダー情報に頼って記事などを作るわけですね。

佐藤　そうですね。退転者（脱会者）の言い分だけを抽出すれば、いくらでも創価学会のことを悪く書けるわけです。

松岡　先ほど、佐藤さんのご著書は学会の内在的論理を解き明かそうとした点が画期的だ、と申し上げました。

「学会の内在的論理なんて知ったところでどうなるんだ」という声もあるかもしれません。しかし私は、学会に限らず、一つの団体を論ずるにあたっては、内在的論理の解明が非常に重要だと思います。内在的論理と実際の行動を照らし合わせていく作業が、団体のまともさ、誠実さを推し量るためには不可欠です。

佐藤　そう思います。資本主義の論理で宗教を推し量るからゆがみが生じるという話はそのとおりで、学会を外から論じた書物や記事の多くは、「宗教の論理」というものをまったく理解していません。

たとえば、『人間革命』[*2]は最近改訂版が発刊されましたが、そのことに対して「改訂するとはケシカラン」という声があるようです。しかしそれは「宗教の論理」を知らない者の言い分です。『人間革命』は何よりも学会員を信仰に導くための書物であるわけで、時代の変遷によって現在の会員の誤解を招きかねない記述があるなら、改訂するのは当然です。キリスト教の『聖書』も、時代に合わせて改訂を繰り返してきています。『人間革命』の改訂を批判する人は、『聖書』も否定するのかという話です。

「生きた宗教」の証しは、時代に応じて変化する力

佐藤　創価学会の人たちと話をしていて感じるのは、皆さんが「戦争のできない体になっている」ということです（笑）。つまり、平和主義が体の芯にまでしみ渡っていて、さまざまな立場の学会員がどこでどんな行動を

*2『人間革命』　池田大作・創価学会名誉会長が「山本伸一」のペンネームで綴った小説。戦後の創価学会の歴史を小説化して描いた。全十二巻（聖教新聞社）。続編に『新・人間革命』（現二十七巻）がある。

とっても、無意識のうちに平和の方向に進んでしまうようになっているのです。

松岡　そうですね。拙著『平和をつくる宗教』（第三文明社）に書きましたが、私は学会のそうしたありようを、「見えない反戦」「存在としての反戦」と名づけました。

なぜ学会員が無意識のうちに平和を広げていけるかといえば、そこには「感化の力」があるのだと思います。心から何かを信じている人は、周囲の人を感化する力――言い換えれば精神的な影響力を持っているのです。

佐藤　よくわかります。そして創価学会の場合、個々の学会員の平和主義は、三代会長[*3]の師弟関係に淵源を持っていると思います。たとえば、学会二世・三世の青年が、高校時代くらいまでは親に反発していたけれど、ある日、信心に目覚めたとします。彼はその目覚めの過程で、三代会長の「師弟の物語」のなかに、学会の平和主義の原型を見いだすのだと思います。

私は、『人間革命』『新・人間革命』に書かれていることが単なる過去の物語だとは思わないんです。それは三代会長の「師弟の物語」であると同時に、今を生きる創価学会員の物語の「原型」でもある。同じ構造の物語

＊3　**三代会長**　創価学会初代会長・牧口常三郎（一八七一～一九四四）、第二代会長・戸田城聖（一九〇〇～五八）、第三代会長・池田大作（一九二八～）の三人の会長の総称。

が、創価学会の歴史のなかで数限りなく反復されてきたのです。

その構造を読み解き、「立場は異なっても、今自分は先生と同じ人間革命の途上にあるんだ」ということを自覚するために、会員の皆さんは『人間革命』を読み、三代会長の著作を読むのだと思います。

松岡 確かに、創価学会の平和主義は単なる理屈ではなく、生きた人間と人間がぶつかり合うドラマによって成り立っていると言えそうですね。

佐藤 そう。だからこそ学会の平和主義は本物なのです。そして、『人間革命』を読めばわかるとおり、学会の「師弟の物語」は人間のあらゆる側面を包含しています。あらゆる側面が含まれる以上、政治だけを除外するというわけにはいきません。

それに、創価学会は一貫して、さまざまな意味での弱者の側に立ってきました。弱者に光を当て、彼らが抱える問題を解決するためには政治という手段も活用しないといけないわけで、創価学会が政治に向かったのは必然であったと思います。

そして、学会が「生きた宗教」であるからこそ、学会の政治参加の形も段階を踏んで、時の流れのなかで「生成」されていきます。野党だった公明党が今は自民党と連立して与党になっていることも、その一つの表れでしょう。古いことを引っ張り出して、今の公明党との齟齬を言い立てる人がいますが、私は「時代とともに生成され、変化していくこと」こそが、学会が「生きた宗教」である証しだと思います。「過去の発言と矛盾しているじゃないか」と批判する固定した見方は、「死んだ宗教」「化石の宗教」の論理ですよ。

私が理解する日蓮仏法の特徴は、此岸――この現実世界において「生成していく力」にあります。言い換えれば、時代の変化に合わせて変化していく力です。時代に応じて公明党が変わり、創価学会が変わっていくのも、まさにその「生成していく力」の発露だと思います。

松岡 その「生きた宗教」であることの具体的な表れとして「宗教的人格」があって、それが今の創価学会においては池田大作名誉会長ということになるかと思います。

佐藤 ええ。私も『創価学会と平和主義』のなかで、池田名誉会長に徹底的にこだわって論を進め、「創価学会の活動すべてが『池田大作』という名前と結びついている」と書きました。あの書き方に反発を覚えた読者もいたかと思います。

しかし、池田大作氏に対して偏見を抱いてしまうと、創価学会を正しく理解することは不可能になってしまいます。創価学会の平和主義にしても、池田大作氏という人物と切り離して論ずることは不可能です。たとえば、韓国SGI（創価学会インタナショナル）[*4]や台湾SGIのメンバーが領土問題での日本との衝突を望まないのはなぜかと言えば、「池田先生を悲しませるようなことはしたくない」という素朴な感情からだと思うのです。

松岡　そのあたりが、学会の外にいる人には理解しにくいのでしょうね。だからこそ、学会における池田先生の存在の大きさを論ずると、「カリスマ的指導者の独裁的支配」などという紋切り型のイメージでとらえてしまいがちです。しかし、今の学会における池田先生の存在が「独裁的支配」だというなら、初期キリスト教団におけるイエスと弟子の関係も、孔子と弟子たちの関係も「独裁的支配」ということになってしまいます。

佐藤　そうですね。弟子たちにはちゃんと自由が担保されているわけですから、独裁と呼ぶのは明らかに間違っています。

＊4　創価学会インタナショナル（ＳＧＩ）
一九七五年一月二十六日にアメリカのグアムで結成。世界百九十二カ国・地域にメンバーを擁する、創価学会の国際的な機構。

新たな学会教学の確立に向けての課題

佐藤　私は最近、創価学会の公式サイト（「SOKAnet」）をときどき見ます。教学試験の勉強のためのページなど、興味深く拝見しています。新入会者すらあれほどしっかりと教学を学ぶ態勢ができていると、学会には僧侶たちの必要性はないし、やはり宗門（日蓮正宗）との訣別は必然的だったのだと感じます。

松岡　ええ。私は宗門の僧侶だったので、そのことについては当事者であり、皮膚感覚で理解できます。日本の僧侶たちは、江戸時代の檀家制度*5にあぐらをかいてやってきました。檀徒たちはお経も読めなければ、教義も説けない。だから僧侶という専門職が成り立った。しかし、創価学会のように各会員がそれぞれ教学を学び、自分で勤行（読経）もし、折伏（布教）もするとなると、僧侶たちにとっては「商売上がったり」なんです（笑）。

佐藤　ルター（ドイツの宗教改革者）が唱えた「万人祭司」説というものがあります。すべてのキリスト教徒は祭司であり、『聖書』を読み、神学を学ぶべきだというもので、宗教改革におけるプロテスタントの根本的教理

*5 **檀家制度**　寺院は檀家（特定の寺院に所属する信徒の一族）の葬祭を執り行い、檀家は寺院に布施を行い庇護するといった寺院と信徒との相互依存関係をいう。江戸幕府がキリスト教禁制の実施のため、寺院に民衆の宗派を証明する寺請証文を書かせたことから確立した制度。

の一つです。プロテスタントの牧師は「聖職者」ではなく「教職者」ですからね。それになぞらえれば、創価学会はいわば〝万人僧侶〟であるわけで、職業的僧侶の存在する余地はないわけですね。

松岡 宗門との訣別に際して、学会側はよく、宗門との関係をカトリックとプロテスタントの関係になぞらえて説明していました。確かに中世の宗教改革とよく似たところがあります。

佐藤 そうですね。プロテスタントとカトリックの関係にも似ているし、ユダヤ教からキリスト教が分かれた過程にも似た面があります。ユダヤ教における「パリサイ派[*6]」が宗門の役割で、パウロが立ち上がって「パリサイ派」を否定したところから、キリスト教は本格的に始まったと言えます。ユダヤ教の選民思想や、律法学者を特別視して民衆を見下す姿勢を否定して、ユダヤ教の枠を飛び出した。そこに、世界宗教としてのキリスト教の出発点があったのです。

松岡 宗門事件も、「僧侶が上で、信徒は下」という宗門の封建的価値観を宗門が学会に押し付けてきたところに、発端がありました。そういう古い価値観を学会が否定したときに、創価学会の宗教ルネサンスが始まった

＊6 パリサイ派 紀元前二世紀ごろにおこったユダヤ教の一派。戒律の厳格な遵守を重んじた。福音書ではイエスの論敵として描かれる。キリスト教発展の基礎をつくったパウロは、もともとパリサイ派に属していたとされる。

と言えます。

佐藤　私の見るところ、今の学会の大きな課題の一つは、宗門との訣別後の新たな学会教学の確立でしょうね。

松岡　まあ、そうですね。学会教学部を中心に、今懸命にそれを進めている最中だと思います。

佐藤　宗門と訣別してから二十五年くらいですか。おそらく、まだ道半ばだと思います。プロテスタントの場合、だいたい百年かかりました。

松岡　ああ、そんなに長くかかりますか。

佐藤　なぜかというと、三十年や五十年しかたっていないと問題の当事者たちがまだ生きているし、七十年くらいたっても、まだ当事者の子どもたちが生きているからです。百年たってようやく、そういうしがらみを抜きにして冷静に議論ができるようになるんです。それまでは感情が先に立ってしまう。そこからやっと新時代の教学が確立されていく。

松岡　整理の過程で大切なのは、時代的・社会的・文化的な特殊性と、世界的な普遍性の部分を腑分け（ふわけ）し、普遍的な部分を選り（えり）抜いていくことでしょうか。

一例を挙げれば、いわゆる「国立戒壇」[*7]の問題があります。中世の仏教界においては、国家が認めた戒壇には必然性がありました。歴史的に言って、僧侶を得度させるための公式な場所が必要だったからです。しかし今はそういう時代ではないですから、国立戒壇のような考えは時代的特殊性として捨て去ってしかるべきでした。

佐藤　かつての公明党にとって国立戒壇の問題は、大きな「躓(つまず)きの石」になっていました。しかし、学会が宗門と訣別したことで、国立戒壇の問題そのものが存在しなくなりました。そして、その後に公明党が与党になった。歴史の必然というのは不思議なものだと思います。

「俗世間の尊厳性」を認める「此岸性」の宗教

松岡　先ほどから佐藤さんが何度か言われている「此岸性」という言葉は、『創価学会と平和主義』でもキーワードの一つとして使われていましたね。私もこの「此岸性」こそ、創価学会の思想性を読み解くうえでの最重要キーワードだと思っています。

一般的には、宗教とは彼岸的なるもの——現世とはかけ離れた世界を扱

*7 **国立戒壇**　戒壇とは、出家を志す者に戒律を授けるための場所を指す。「国立戒壇」とは、明治期、「天皇を日蓮宗に帰依させ国立の戒壇をつくるべき」との主張から生まれた言葉。

うものだとイメージされています。対照的に、創価学会は「俗世間の尊厳性」のようなものを徹底して認めようとする、世界で唯一の教団だと思うのです。つまり、彼岸的なものと此岸的なものを分けるのではなく、仏教思想上は「仮諦（けたい）」――「仮のもの」「見かけのもの」と見なされる肉体や物質に対しても、尊厳性を認める。俗世間のなかにも尊厳性を認める。

その点にこそ、創価学会の大きな特徴があるのだと、私は考えています。それは教学的には天台（大師）の「円融三諦（えんゆうさんたい）」の思想、仮諦にも尊厳があるのだとする思想の流れをくんでいます。

佐藤　キリスト教神学においても、それに近い考え方があります。「仮諦」に当たるのは「インカーネーション（incarnation）」という概念で、日本語に訳すのが難しいので、「受肉」とか「託身」などというわかりにくい言葉に訳されていますが。

松岡　学会の志向する「俗世間の尊厳性」ということは、理解されにくい面があります。一般には俗世間というと汚い、卑しいものというイメージですから、そのイメージの延長で「低級な御利益宗教」と見なされやすいわけです。

佐藤　キリスト教神学の世界では、この二百年間くらい、むしろ「俗世間のなかに聖なるものをいかに見いだすか」ということが、大テーマとなってきました。

たとえば、ルドルフ・オットー（ドイツのプロテスタント神学者）の『聖なるもの』という名著があって、「聖なるもの」をこの世の日常のなかに見いだすことを追求した書物です。なぜかというと、「聖なるもの」があの世にしかないとすれば、人生のごく一部にしか関わりを持てないからです。死の恐怖をやわらげるとか、ごく一部のことだけがキリスト教の役割になってしまう。社会が「聖なるもの」から「俗なるもの」に移行していったのが近代ですから、近代以降のキリスト教は、「俗なるもの」のなかにも「聖なるもの」を見いだせないと、死に絶えてしまう――そのような問題意識から始まった動きなのです。そういう努力を重ねてきたからこそ、二十一世紀の今もキリスト教は死に絶えていないわけです。

松岡　なるほど。浄土真宗では「真俗二諦（しんぞくにたい）」という、聖なる絶対的真理の世界と俗世間を完全に立て分ける考え方を打ち出しました。それに対して『法華経』には、「衆生所遊楽（しゅじょうしょゆうらく）」[*8]という言葉に象徴されるように、「現世は

*8 **衆生所遊楽**　『法華経』の「如来寿量品第十六」にある言葉。「衆生の遊楽する所なり」と読む。

楽しむための場所である」「現世を楽土にしていく」という思想がもともとあります。日蓮の立正安国[*9]の思想も、創価学会の「俗世間の尊厳性」の思想も、そこから生まれてきました。さらに言えば、学会が世界平和を目指しているのも、その延長線上にあるわけです。その意味では、プロテスタンティズムによく似ている面があると言えます。

佐藤　プロテスタントのキリスト教徒であった（厳密には「無教会主義」）内村鑑三が、『代表的日本人』のなかで日蓮を取り上げて称賛しているのも、そのへんの親和性があったからでしょうね。逆に言えば、日本の知識人のなかに根深い「日蓮嫌い」は、彼らが宗教に彼岸性ばかりを求め、「此岸性の宗教」を理解しなかったからとも言えるでしょう。ただ、そのへんのアレルギーは、彼らが創価学会についてきちんと学んで、学会の「此岸性」についての誤解を解けば、薄れていくと思いますが。

松岡　佐藤さんは『創価学会と平和主義』で、「彼岸性（あの世）を此岸性（この世）に包み込んでいるのが創価学会の特徴」と書かれていますね。まさにそのとおりで、日蓮系の宗派・教団のなかでも、突出して此岸性を重視するのが創価学会だと思います。

＊9　立正安国　「正を立て国を安んず」と読む。「立正」とは、人々が正しい教えを信受し、その教えが社会を動かす基本理念となること。「安国」とは、社会の平和と繁栄を意味する。

第2章

学会の政治参加の本質

「権力の暴走の監視」こそ、公明党本来の役割

松岡　前回、ほかの教団が「彼岸(ひがん)（あの世）性」を強く志向しているのに対し、創価学会は「此岸(しがん)（この世）性」の宗教であり、「俗世間の尊厳性」を徹底して認めようとする点に大きな特徴があると論じました。その特徴は、同じ日蓮系の日蓮宗と比較しても抜きん出ています。日蓮宗も、やはり彼岸性のほうが強いのです。

一九五六年に総理大臣になった石橋湛山は、日蓮宗の僧籍を持っていました。これも日蓮宗だから問題になりませんでしたが、湛山がもし創価学会員だったら大騒ぎになっていたと思うんです。つまり、彼岸性の宗教である日蓮宗は現実社会に効力を及ぼさないから、その僧籍を持つ者が総理になっても安全だと判断された。それに対して、此岸性の宗教である創価学会は、現実社会を変えようとする志向性を強く持っているからこそ、政治参加が警戒されるわけです。

佐藤　私は、そろそろ創価学会員の総理大臣が出てもいいころだと思います。公明党は二〇一四年に結党五十年の節目を迎えましたが、次の五十年の大きな課題の一つは、その五十年の間に公明党首班政権をつくることではないでしょうか。

松岡　公明党がつくられた歴史的背景を考えてみると、創価教育学会（創価学会の前身）が戦時中に軍部政府によって弾圧され、牧口初代会長が殉教した経験が大きな意味を持っていたと思います。あのとき学会は、宗教と結びついた国家権力の恐ろしさを、まさに肌身で知ったわけです。

佐藤　しかも、そのときの宗教——すなわち国家神道は、自分たちが宗教であるとさえ言わなかったわけですね。「神道は宗教ではない」という解釈を打ち出して、その詭弁（きべん）によって「信教の自由」を蹂躙（じゅうりん）したのです。

松岡　そうですね。そして、弾圧を通じて皮膚感覚で知った「権力とは怖いものだ」という思いが、「だからこそ、私たちは政治を、権力の暴走を監視しないといけない」という思いにつながり、それが公明党結党の一つの背景になったと私は見ています。

一四年の「七・一閣議決定」に至る集団的自衛権行使をめぐる協議において、公明党が果たした歯

止めの役割も、まさに権力の暴走の監視にほかならないわけで、公明党本来の役割を果たした姿だったと思います。

佐藤　同感です。私は、集団的自衛権行使容認をめぐる経緯のなかで、公明党が名を捨てて実を取り、閣議決定でこれまでと同じ状況を担保したことを高く評価しています。閣議決定に賛成したことをもって、「公明党は平和の党の看板をおろした」と批判する論者も多かったわけですが、「看板」なんて傷ついたって構わないんです。大切なのは、現実に平和を維持し、戦争を阻止することです。公明党はその一点を死守するために、「平和の党」の看板が傷つくことも辞さず、ぎりぎりの攻防をした。私はその優れた現実感覚に感心しました。

松岡　確かに、閣議決定までの安倍首相と公明党のつばぜり合いを見ていると、安倍さんのほうがある意味では宗教的で、公明党のほうが現実を見据(す)えている印象がありましたね。

佐藤　そうなんです。安倍さんがなぜあそこまで集団的自衛権にこだわったかというと、つまるところ、岸信介(のぶすけ)・安倍晋太郎と続く三代の「お家の悲願」だからこそなんですね。現実感覚というより、「心の問題」なわけです。公明党は宗教に基盤を置く政党だからこそ、首相のこだわりが「心の問題」であると看破できたのではないでしょうか。

松岡　そうかもしれませんね。

佐藤　私は一人のキリスト教徒として、ほかのキリスト教徒がしっかりと『聖書』を読んで血肉化しているか、それともうわべだけの信者であるのかは、少し接すれば、言葉の端々などからすぐにわかります。そのような「信仰者としての直感」で、今の公明党執行部は信心もしっかりしているに違いない、と感じるのです。

民主国家における「国主諫暁」とは？

松岡　集団的自衛権行使容認の閣議決定に公明党が賛成したことを批判する論者の気持ちも、わからないことはありません。しかし、「仏法者の平和アプローチ」として見るなら、むしろ正攻法だったと感じます。私は一連の経緯を見ていて、池田大作名誉会長の『新・人間革命』第十一巻に紹介された、ベトナム戦争に出征したアメリカ人の青年学会員をめぐるエピソードを思い出しました。

佐藤　松岡さんの『平和をつくる宗教』（第三文明社）にも言及のあるエピソードですね。

松岡　はい。その青年部員に対して、会長は〝戦地に赴いても、人を殺さずに済むことと自らの生還を祈って、題目を唱え続けなさい〟と指導したといいます。そしてその祈りのとおり、青年は奇跡的に一人も殺さずに帰還できたというのです。

佐藤　その指導にも、創価学会の優れた現実感覚が示されています。仮にその青年が「自分は仏法者だから、人は殺せない」と良心的兵役拒否をしたら、どうなったでしょう？　彼の代わりに精鋭兵が戦地に赴くことになり、ベトナム人がたくさん死んだかもしれません。それよりは、仏法者である青年が戦地に赴き、殺さずに済むことを祈りつつ行動したほうが、より平和に近づくわけです。

松岡　そうなんです。自らの宗教的良心と現実の平和との兼ね合いを考えて、いちばん平和に近づく道を選ぶ――それが仏法者のバランス感覚だと思います。

公明党の集団的自衛権をめぐる動きにも、よく似た面があります。「公明党としては断じて容認できない」とかたくなに拒否して連立政権を離脱したなら、「平和の党」の看板は守れたでしょう。安倍政権に批判的な人たちには支持されたでしょう。しかし、そのことが今よりも平和につながったとは思えません。安倍政権は公明党の代わりに右派勢力と連立を組んで、あからさまな集団的自衛権行使に向けて歩を進めたでしょう。それよりは政権のなかにとどまって、少しでも平和の方向に向けてコントロールする現実路線を、公明党は選んだわけです。

佐藤　そのとおりです。そしてそれは、民主主義の時代において宗教者が「国主諫暁（かんぎょう）」[*1]をどう行っていくべきかの、一つの答えだと思います。その問題に「たった一つの正解」はないにしろ……。

松岡　ええ。日蓮の生きた時代は封建時代でしたから、一人の国主を諫暁すればよかったわけですね。しかし、今の日本は民主主義国家ですから、そういうわけにはいきません。

「現代における国主諫暁とは何か？」は、日蓮系教団のなかでも論議のあるテーマです。現代でも鎌倉時代と同じような「国主諫暁」を標榜（ひょうぼう）している教団もありますが、それはやはり時代錯誤であって、民主国家において

*1 **国主諫暁**　国の主権者に対して、その誤りをただし、正義を明らかにして、諫（いさ）めること。日蓮は生涯に三度、時の権力者を相手に諫暁を行った。

は国民一人一人に平和の波動を広げていくやり方が、国主諫暁の精神を正しく受け継ぐことになるのだと思います。

佐藤 よくわかります。

今昔「創価学会タブー」――その大きな弊害

佐藤 前も言いましたが、「創価学会と平和主義」というテーマを論ずるにあたっては、池田大作氏の存在を避けて通れません。私は学会員でない論者に対して、「池田大作氏に偏見を抱いてしまうと、学会の真実の姿が見えなくなる。だから、学会を論ずるためには池田氏への偏見を排さなければならない」と、いつも言っています。

松岡 しかし、池田名誉会長に対して偏見を抱かずに学会を見るということが、外部の人にとってはなかなかの難事であるようですね。

佐藤 そうなんです。昔から、「マスコミには『創価学会タブー』がある」とよく言われてきました。かつてのそれは、「学会に対して批判的なことを書いてはいけない」という意味合いのタブーだったと思います。しかし途中から、一部週刊誌などがガンガン学会批判記事を載せるようになって、タブーの中身が変質しました。近年ではむしろ、「学会に対して批判的なこと、悪口なら、何を書いてもいい。しかし、学会を評価するような記事や論説は載せない」と、そのような形で、一般マスコミの創価学会タブーは存在しています。

松岡　私も、いろいろなメディアでものを書くにあたって、そういう形の「創価学会タブー」に遭遇した経験は多々あります。

佐藤　マスコミの外側にいる一般の人たちには、今の「創価学会タブー」がそのようなものであることは、意外に理解されていません。むしろ、「学会は金の力でマスコミを牛耳(ぎゅうじ)っているから、学会の悪口はどのメディアもほとんど書けない」と思い込んでいる人が多いようです。

松岡　そういうイメージは、確かに根強くありますね。

佐藤　公明党についても、「福祉分野で頑張っている」などという形でほめるのは許容範囲でも、創立者の池田氏と絡める形でほめるのはタブーであったりします。

松岡　政権の一角を占める公明党や、日本社会の一角を占める創価学会に対して、そういういびつな形でしか論じられないのは、学会員にとってだけではなく、国民全体にとって不幸なことですね。真実が十分に伝えられないわけですから……。

佐藤　そうなんですよ。私は一人の言論人として、そういう状況を改善したいと思っています。おかしな「創価学会タブー」をなくしたいんです。私の『創価学会と平和主義』(朝日新書)も、そのための挑戦の一つです。だからこそ、この手の本に対してハードルが高そうな朝日新聞出版を、あえて版元に選びました。

松岡　確かに、戦略的意図を感じました。

佐藤　新書という形式を選んだことにも、私なりの戦略がありました。学会員でない人が、「創価学会について、中立的立場から書かれた本を読んで大枠を知りたい」と思って最初に手に取る本は、ここ十年に限れば島田裕巳さん(宗教学者・作家)の『創価学会』(新潮新書)だったと思います。ベストセラーになって版を重ねてきた本ですが、私はあの本の、というより島田氏の学会理解には、かなり偏りがあると感じています。たとえば、彼は『民族化する創価学会』(講談社)という本を書いていて、創価学会をユダヤ人社会になぞらえて論じています。これは問題のある粗雑な論じ方で、島田氏が創価学会に抱いている差別的感覚を端的に示したものとも思えます。口幅(くちはば)ったい言い方になりますが、もっとまっとうな、宗教の内在的論理を理解できる人間が書いた本が、「学会について知りたい人が最初に手に取る本」になってほしいと思いました。その意味も込めて私は、『創価学会と平和主義』を書きました。

「社会貢献の重要な柱」としての政治参加

松岡 「学会は金の力でマスコミを牛耳っている」という間違ったイメージと同様に根強いのが、「学会は官僚組織など、国の中枢部に人材を送り込んで、日本支配を狙っている」というイメージですね。まあ、陰謀論レベルの与太話(よたばなし)でしかないわけですが……。

佐藤 最近私が手嶋龍一さん(外交ジャーナリスト)と出した対談集『賢者の戦略』(新潮新書)でも、そのへんのことに少し触れています。〝学会員の外務官僚もなかにはいるだろうけど、それは別に日本を支配するためじゃない。学会はそんな組織ではないんだ〟という話をしています。

松岡 佐藤さんは『創価学会と平和主義』でも、信仰者が官庁や企業の組織人となった場合に直面する「二重忠誠」の問題に触れていましたね。信仰の対象に対する忠誠と、組織に対する忠誠――その二つにどう折り合いをつけるべきか、という問題です。

佐藤　これは、宗教を持つ社会人が必ず直面する問題ですね。キリスト教徒であれ、イスラム教徒であれ……。みんな、悩みながらも何とか折り合いをつけているわけです。

松岡　その「二重忠誠」について、『法華経』の視座からは「世法即仏法」という法理との関連で論じられると思います。「世法」は組織のルール、「仏法」はもちろん宗教上のルールを指しますが、「世法即仏法」とは、強いて言えば「組織のルールにはきちんと従います。でも、どうしても譲れない問題については宗教上のルールに従います」ということです。

佐藤　そうですね。たとえば勤め先の社長が神道の信仰を持っていたとして、会社の朝礼で「神札」を拝むことを求められたら、学会員の社員は「それはできない」と断るでしょう。当然のことです。

松岡　宗教上の根本問題については厳格です。しかし、それ以外の世間的な問題については組織のルールのなかで努力しよう、というのが「世法即仏法」です。

佐藤　それは学会に限らず、世界宗教に共通の特徴です。

松岡　その「世法即仏法」が学会員の内在的論理になっていますから、官庁に入った学会員が組織のルールを曲げてまで学会のルールで押し通すなんてことは、あり得ないわけです。社会の人から理解されなければ仏法を広めていくこともできませんから……。

佐藤　ただ、官庁や大企業の一員になったり、政治家になったりした場合、組織のルールに従うのは当然としても、心の中心にはやはり信仰者としての自分がきちんとないといけないですよね。「世法即仏法」というのは、仏法よりも世法を上に置くということでは決してないはずで、そこをはき違えてしまうと道を誤ると思います。過去の一部の公明党議員にはそういう傾向があったのではないでしょうか。宗教と政治の微妙な関係の調整の難しさが、そこにはあります。

松岡　その「微妙さ」は、宗教者が政治の世界で闘っていく場合に、政治の論理を従えていくのか、それとも政治の論理に従わされてしまうのかという主体性の問題だと思います。それはまさに微妙な心の持ちようの違いですが、過去に道を誤った元・公明党議員たちは、宗教者としての主体性を失って、政治の論理に従わされてしまったのだと思います。

佐藤 私は、公明党結党当時の綱領にも掲げられていた「王仏冥合(おうぶつみょうごう)*2」という言葉は、公明党の立ち位置が一語で理解できる素晴らしい言葉だと思います。誤解を招きやすいということで綱領から外されてしまったのは惜しい。むしろ、この言葉に込められた哲学を正しく理解してもらう説明努力を、公明党はもっと払うべきではなかったでしょうか。

松岡 池田名誉会長が、「王仏冥合とは慈悲の政治だ」という趣旨の言葉を述べられたことがあります。しかし、「慈悲」という言葉自体が元は仏法用語ですから、これも一般の人に理解させるのは難しい面があります。創価学会の政治参加の根底にあるのは日蓮の「立正安国」の思想であるわけですが、この立正安国についても、誤解抜きで説明するのは難しい。「それは神権政治のことか」と誤解されてしまったりします。

私は、「立正安国」を広い意味でとらえれば、宗教の社会貢献のことなのだと思っています。その社会貢献の重要な柱として政治参加があるのだと……。立正安国が広義では社会貢献のことであるように、王仏冥合も広義では社会貢献のことなんです。「SGI（創価学会インタナショナル）憲

*2 **王仏冥合** 仏法の生命尊重、慈悲の精神が、人間の営み、あらゆる文化の根底に定着すること。

章」にも、ＳＧＩの目指すところは人類社会への貢献であり、世界平和であると定義されています。

佐藤　そういうふうにかみ砕いて説明してもらえると、わかりやすいですね。

松岡　学会員は、朝晩の勤行・唱題の最後に「世界の平和と一切衆生の幸福のために」という一文を、必ず祈念します。この一文こそ、「広宣流布」[*3]の現代的な意味なんです。「立正安国」とか「王仏冥合」という専門用語を使うと、外部の人にはわかりにくいために、「国教化を目指しているのではないか」などという誤解を受けやすい面があります。しかし、その目的は世界平和と人類社会への貢献であって、毎朝毎晩、世界中のメンバーがそのことを念じている。だからこそ、世界平和を願って行動することがいわば無意識の習慣になっている団体であるということは、もう少し世間の人に知ってもらいたいと思います。公明党が目指しているものも、究極的にはそこに尽きるのです。

佐藤　創価学会がナショナリズムを超克した団体であることも、その土台になっているのは個々のメンバーの日々の祈りであるわけですね。

松岡　もともと日蓮は、鎌倉時代に生きながら、鎌倉幕府の最高権力者を

＊3　**広宣流布**　仏の正しい教えを、広く宣べて流布すること。略して広布ともいう。

「わづかの小島のぬしら(主等)」(「種種御振舞御書」[*4])と呼んで相対化した方ですから、日本一国だけを特別視するような国家主義的価値観とは、そもそも無縁だったのです。また、『法華経』に説かれる、末法の世に無量に出現して世を救う「地涌(じゆ)の菩薩(ぼさつ)」[*5]も、国や人種、民族などを超越した存在です。現代のSGIメンバーの国境を超えた連帯感も、「地涌の菩薩」としての自覚がベースになっていると言えます。

佐藤　よくわかりました。ただ私は、「王仏冥合」という言葉はやはり魅力的だと思うので、公明党綱領には残しておいてほしかった気がします。すべてをすっきりわかりやすくしなくてもいいと思うんです。むしろ、世間の人が見て違和感を覚えるような言葉も、一つくらい残しておいたほうがいい(笑)。公明党は、基本的価値観を共有する人々によって形成されている政党なのですから、そのことを示す意味でもね。

＊4　日蓮の遺文を御書と呼ぶ。本書では、御書からの引用は、創価学会版『日蓮大聖人御書全集』(聖教新聞社)に基づく。また、御文の後に御書名を記した。

＊5　**地涌の菩薩**　『法華経』の「従地涌出品」に説かれる。釈迦(仏教の開祖)が自身の死後、正しい教えが失われる末法の時代に仏法を広めるために呼び出した無数の菩薩たちのこと。大地を破って涌き出たので地涌の菩薩という。

第3章

世界宗教への飛躍

「価値創造の宗教」と「略奪の宗教」

松岡　今回は、創価学会の牧口常三郎初代会長が一九四三年に、官憲の手によって不当逮捕された「法難の地」・伊豆下田で対談を行うことになりました。対談に先立って、牧口会長が逮捕された地にも赴きました。

佐藤　拝見して、私も大変感銘を受けました。

松岡　今回、下田で対談を行うことにした意味は、もう一つあります。今日（二〇一五年二月七日）は、百六十年前（一八五五年）に下田で「日露通好条約」が締結された日なんですね。

佐藤　ええ。日露交流の原点の地です。私は外交官時代に日露友好を担ったので、深い感慨があります。また、現在に至る北方領土交渉の入り口をつくったのは、一九九一年四月のゴルバチョフ（当時・ソ連大統領）訪日でした。そして、そのときの訪日は、前年の「池田（大作）・ゴルバチョフ会談」がなければ、実現しなかったものでした。その意味での縁も感じます。

松岡　さて、日本は今、「IS（イスラム国）」による日本人人質殺害事件[*1]で大きく揺れています。

佐藤　ISはアルカイダ（国際的テロ支援組織）を母体の一つとしていますが、アルカイダとは決定的な違いがあります。アルカイダはイスラム教徒については仲間と見なしていますが、ISは同じイスラム教のシーア派[*2]に対しては「殲滅（せんめつ）しなければならない敵である」という内ゲバ[*3]の論理をとっています。つまり彼らは、他の宗教と共存できないのみならず、同じイスラム教徒とさえ、宗派が違えば共存できないのです。

その点で創価学会とは対照的です。学会の強さは、世界のあらゆる文

＊1 日本人人質殺害事件　二〇一四年、シリアで二名の日本人が「イスラム国」に拘束された事件。身代金およびイスラム国に関係のある死刑囚の釈放を要求する犯行声明が出された後、二〇一五年一月、二名とも殺害されたと見られている。

＊2 シーア派　イスラム教の二大宗派の一つ。もう一方はスンニ派と呼ばれ、シーア派は少数派。第四代のカリフ（預言者ムハンマドの後継者）・アリーとその子孫を支持する党派。

＊3 内ゲバ　内部ゲバルトの略。ゲバルトはドイツ語で「力」「暴力」などを意味する。

明・宗教と平和的に共存できる宗教だという点にあります。学会員の皆さんは、自分たちの信仰に対しては「絶対正しい」という確信を持っていますのそのうえで、諸文明・諸宗教と対立することはないのです。

松岡　この対談の重要なキーワードの一つに、「此岸(しがん)（この世）性の宗教」という言葉があります。ＩＳも、現実を変えようとしている点では「此岸性の宗教」ではありますが、自分たちの理想を追求するためなら人を殺してもよいという、悪(あ)しき此岸性になってしまっています。

創価学会とＩＳの何がいちばん違うかといえば、「世俗的な価値」に尊厳性を認めるか否かだと思います。学会は、世俗的な価値に尊厳性を最大限認める。それに対して、ＩＳはまったく認めない。だからこそ、彼らの此岸性が社会に害悪を及ぼすことになるわけです。

佐藤　ＩＳには「生産の哲学」がありません。彼らは「略奪の宗教」であり、価値を生産することができない。人を誘拐して身代金を奪うとか、他者から奪い取ることしかできない。対照的に、創価学会は個々の学会員がそれぞれの仕事や立場を通じて、価値創造を行う宗教です。その意味において、近代の産業主義も否定していないし、貨幣や資本主義も否定していない。そこには「生産」があるのです。

松岡　私は、学会の「価値創造」とは「智慧」のことだと理解しています。「すべてを活かしていく」のが「仏教の智慧」であり、いかなるものに対しても関係性を見いだし、その関係性から価値を生み出していく。それが仏教の創造観だと思います。

実は、創価教育学会の発足に際して〝「創」の字は、キリスト教の「天地創造」を連想させるから、仏教団体には合わないのではないか〟という意見が、宗門（日蓮正宗）側から出されたことがあります。それに対して、牧口会長は一歩も譲らなかったのです。

佐藤　逆に、われわれキリスト教徒から見ると、「創」の字がとても魅力的に思えます（笑）。もちろん、学会における「創造」とは、無から何かを生み出すということではなく、「縁起」のなかにおいて生み出していくことなのですが……。

松岡　そうですね。もともとあったものを、「縁」に触れることによって発現していくというニュアンスになると思います。

「教義条項改正」に見る「生成の哲学」

佐藤　私も今「聖教新聞」（創価学会機関紙）を読んでいますが、二〇一五年一月二十九日、三十日付に掲載された学会教学部による「会則の教義条項改正[*4]に関する解説」は、学会にとって大きな節目ですね。今後、創価学会を論ずるうえでも、重要な文献になるものだと思います。

松岡　宗門事件に当事者として関わってきた私としては深い感慨があります。

佐藤　私は、あの解説を読んでハッとしました。日寛（大石寺第二十六世法主）教学の見直しを宣言したくだりは、要するに「もう宗門と学会は基盤が違いますよ。これからは無関係の関係になりますよ」という宣言だと思うんです。

松岡　これまでは日寛教学が、宗門と学会の議論の共通の土台になっていました。今回、その日寛教学のなかの時代的制約がある部分については再検討し、普遍的な部分についてはしっかり受け継いでいく……解説ではそういう宣言がなされているわけですね。「時代的制約がある部分」は、言

*4　**教義条項改正**
二〇一四年十一月、創価学会は会則の改正を行い、第一章第二条に定められていた創価学会の教義に関する項目（教義条項）の表現をあらためた。

い換えれば「普遍的ではない」ということになりますが、学会はそのことを「悪い」と言っているわけではないんです。日寛上人が時代状況に正しく対応したからこそ、そのような形になっているわけですから。

佐藤　よくわかります。

松岡　ただ、そのような時代的制約がある部分について、二十一世紀の今になって固執することは間違いです。宗門はまさに、時代的制約がある部分に固執し続けてきた。それゆえに、現代の人々を救えない宗教になっているのです。しかし今回、学会が正式に、時代的制約のある部分については再検討する――言い換えれば相対化すると宣言したことによって、宗門と学会の議論の共通の土台がなくなってしまいました。もちろん、日寛教学の普遍的な部分については、学会は一貫して大事にしてきたし、今後もその点は変わりません。

佐藤　日寛教学について、宗門側はそのような腑分けそのものを最初から放棄しています。宗門は法主絶対主義だから、法主であった日寛の主張の批判的検討そのものがないわけですね。そのような食い違いが、教学全体に及んでいるのだと思います。

松岡　佐藤さんはよくご存じかと思いますが、アルフレッド・ノース・ホワイトヘッドというイギリスの哲学者がいますね。

佐藤　ええ。哲学者であり神学者ですね。

松岡　ホワイトヘッドには科学と宗教の関係を論じた著作があって、そのなかで彼は次のように述べています。

「宗教も科学と同じ精神で変化というものに対決しえないかぎり、昔日の力を回復しないであろう。宗教の諸原理は永続的なものではあろうが、これらの原理の表わし方は絶えず発展しなければならない」（邦訳『科学と近代世界』松籟社）

この指摘を、宗門と学会の違いにあてはめてみます。日蓮仏法の御本尊は、「事の一念三千」であるとされます。事の一念三千とは簡単に説明すれば、「われわれの一瞬一瞬の心が、万物と相即して一体である。すべては含み含まれ合っている。それが生きた現実である」という意味です。要するに、御本尊には、「宇宙即我」の仏の悟りが顕されています。その原理自体は普遍的で変わらないわけですが、原理の実際の表現――expression の仕方が、宗門と現在の学会では異なっているのです。

日寛教学においては、日蓮大聖人が弘安二（一二七九）年に御図顕された御本尊に求心性を持たせる表現の仕方をしてきました。特に宗門の正統性が問われた時代には、各人の信仰を深めるうえでも、大石寺の御本尊の意義を強調する必要がありました。

しかし、日蓮仏法が世界中に広まった今は、そうした求心性の段階を経て、むしろ平等性や民衆性が求められる段階に入っています。布教のうえでも、平等性・民衆性を前面に出すやり方でなければいけないでしょう。教学部の解説で〝世界広布の伸展に対応して教義解釈の見直しを行う〟と発表されたのは、そういう意味からだと思います。

佐藤　同感です。私も月刊『潮』の連載「新時代への創造」のなかで、今回の改正について、「これによって教義においても創価学会は日蓮正宗から完全に訣別した。その結果、日本というナショナルな枠組みにとらわれない世界宗教として発展していくことになる」と書きました（二〇一五年二月号）。

松岡　「ナショナルな枠組みにとらわれない」とは、「日本の大石寺という特定の場所を中心として教義を構成するようなあり方と訣別していく」ということだと理解してよろしいでしょうか？

佐藤　そう思います。

松岡　世界のＳＧＩ（創価学会インタナショナル）メンバーのなかには、さまざまな事情から一生日本に来られない人もたくさんいるわけです。そうしたなかで、大石寺の御本尊にだけ特別な意味を持たせる教えの説き方をすれば、かえって無慈悲になってしまう。だからこの点は世界広布の伸展に即した原理の表し方に変えるべきでした。そもそも、絶対の法を完全に顕したという点では、大石寺の御本尊も学会員の家庭の御本尊も同じなのです。

佐藤　二〇一三年にできた「広宣流布大誓堂[*5]」も、あれは「大石寺の代わりに、信濃町に新しい聖地が誕生した」という性格のものではないと思うんです。もちろん、学会員の皆さんの心のなかでは、総本部のある信濃町が学会の中心として意識されてはいるでしょう。しかしそれは、カトリックの信徒にとってバチカンが中心であるのとは意味が違う。「信濃町は特別な聖地で、そこに行かなければ救済されない」というものではないからです。

その点でも、学会はプロテスタントと似ています。もちろんプロテスタントの教会は各地にありますし、私自身が所属している教会もあります。

＊5　**広宣流布大誓堂**　二〇一三年十一月、東京・信濃町にあった旧学会本部・創価文化会館の敷地に建設された。「創価学会常住御本尊」が安置されている。

しかし、そこが「特別な聖地」であるというわけではない。むしろ、救済は自分の心のなかにあるのです。

松岡　宗門の伝統的なとらえ方は、「弘安二年の御本尊には日蓮大聖人の魂が宿っている。そこに参拝しなければ大聖人の魂に会えない」といったものでした。それに対して、今回明確にされたのは、「大聖人の魂は一人一人の信仰のなかにあるのだ」ということなのだと、私は理解しています。「事の一念三千」の御本尊という原理は同じなのですが、その原理の表し方として、今の学会の表し方のほうが普遍的であり、世界宗教にふさわしいものだと思います。

佐藤　今のお話をうかがっていて、池田会長の思想そのものとの関連性を強く感じました。池田会長の思想は、英語の「being」、ドイツ語の「Sein（ザイン＝存在）」ではなく、英語で言うと「becoming」、ドイツ語で言うと「Werden（ヴェルデン＝生成）」なんですね。つまり、「生成」の哲学——「生成していく」というプロセスのなかにあるダイナミックな哲学なんです。

ホワイトヘッドの神学者としての立場は「プロセス神学」といって、

「世界は動的なもので、常に変化している。神でさえその生成に従属している」という考え方です。つまり〝救済という大事業をしていくにあたっては、宗教は現実に合わせて変化していかなければならない〟ととらえる。私は、ホワイトヘッドのそうしたとらえ方は、日蓮や池田会長と相通ずるものがあると思うのです。

そして、日蓮は鎌倉時代にあってすでに世界を志向していました。日蓮の遺命は、キリスト教で言うところの「世界宣教」であると、私は理解しています。ＳＧＩの発展によって、二十一世紀になっていよいよ世界宗教としての本格的なスタートを迎えたわけで、そこのところから、日寛教学の見直しという動きも出てきたのでしょう。

そう考えますと、ここ（対談会場となった、創価学会下田牧口記念会館）の敷地内にある「牧口常三郎先生　法難頌徳之碑」に池田会長が綴られた碑文は、一九九三年のものではありますが、今日のこと——世界宗教としての本格的出発を見通して書かれたという気がしてなりません。碑文に「法滅の闇を払ひて、創価の法城に結集せる地涌の同志は一千万。先生が身命もて守られたる、幸と平和の広布の慧光は遍く世界を包みたり」との一節がありますが、これはまさに、宗門と訣別し、その前時代性の鉄鎖から解き放たれたとき、世界宗教として飛躍する条件が整ったという意味ではないでしょうか。

「急ぎつつ、待つ」ができる学会の強さ

佐藤　私は、創価学会は「急ぎつつ、待つ」ことができるところがすごいと思うんです。

松岡　それはどういうことですか？

佐藤　すでに結論は出ていて、急がなければいけないことに対

「牧口常三郎先生 法難頌徳之碑」碑文を読む佐藤氏（左側）と松岡氏

しても、学会は機が熟すのをじっくり待つことができるのです。今回の教義条項改正もしかりで、宗門と訣別してから四半世紀近く、じっくりと待った。宗門からの破門直後に今回のような改正を行っていたら、抵抗感を抱く会員も多かったと思います。それまでずっと宗門と「僧俗和合」を目指してやってきたわけですからね。だからこそ、時が満ちるのを待った。

また、改正については二〇一四年十一月八日付の「聖教新聞」にまず原田稔会長の説明が掲載され、二カ月半後に教学部の解説が掲載された。それだけ間隔をあけたことによって、さまざまなインタラクション（相互作用）があったでしょう。会員たちの反応、新聞各紙の反応、他宗派の反応、社会一般の反応、学会に批判的な勢力の反応……。そういった反応をすべて見極めたうえで、いちばんわかりやすい説明を考えたのだと思います。まさに「急ぎつつ、待った」のです。それは、会員さんたちが無理なくしっかりと受け止められるようになるまで待ったということだと思います。本部が先走るのではなく、会員目線で組織運営がなされているということでしょうね。

松岡　池田会長の指導のなかにも、今おっしゃったことと通ずる指導があります。「時をつくる」ということと、「時を待つ」こと――その両方を並行して行っていかないといけない、という趣旨の指導です。

佐藤 それと、私は今回の改正についての原田会長の説明、教学部の解説を読んで、ハーバーマス（ドイツの哲学者・社会学者）の言う「話者の誠実性」を強く感じました。「この人たちは正直に、本当のことを言っている」と直観したのです。神学的訓練を受けてきた者から見ると、教学をめぐる話で「考えていることと別のことを言っているかどうか」は、宗教は違ってもよくわかるものなんです。

教学重視の姿勢が意味するもの

佐藤 今回の教義条項改正と並行する動きだと私が感じているのは、近年の学会の教学重視の姿勢です。学会では、二〇一四年の十一月末に「教学部任用試験[*6]」が行われましたね。年末に解散・総選挙が行われることが突然決まって、「これは任用試験も中止になるかな」と思いましたが、中止せずにちゃんと行った。それくらい、今の学会は教学を大事にしているということだと思うんです。

*6 **教学部任用試験** 創価学会が実施する仏法の教えと実践を学ぶための試験で、任用試験は未教学部員の会員・会友が受験対象となる。そのほか青年部教学試験なども行われている。

松岡　学会の動きをそこまで細かくフォローしていらっしゃるのは、さすがですね。

佐藤　学会の公式サイト（「SOKAnet」）の教学コーナーを見て、私も任用試験の勉強をしてみましたから（笑）。これは前にも言いましたが、ルターの「万人祭司説」になぞらえれば、創価学会のありようは「万人僧侶」であるわけで、各会員が教学を学ぶ態勢がこんなに整っていれば、僧侶の介在する余地なんてないわけです。

松岡　学会の教学重視の姿勢は、宗門の僧侶たちにとっては苦々しいものだったはずです。「信徒がみんな教学を身につけたら、僧侶はいらなくなってしまう」と、彼らは脅威として感じていたでしょう。私も宗門の僧侶だったからよくわかりますが、それは僧侶たちにとって自らの存在を否定されるような感覚です。教学を学ぶ学会員を、彼らは「信徒」としてよりも「商売敵」を見る目で見ていました。

佐藤　教学の重視は、現場の幹部の皆さんにとって、ある意味でしんどいことでもあると思うんです。なぜなら、たとえば支部長が支部の会合で教学的な話をするときも、聴き手の側もそれぞれ勉強しているから気が抜けない（笑）。教学重視は、組織全体によい意味の緊張感ももたらしているはずです。

松岡　ああ、なるほど。

佐藤　私が一人のプロテスタント神学者として、外から学会の教学運動を見ていて「いいな」と思うのは、初動の段階、つまり任用試験の段階で徹底して基本を教えている点です。これは、すごく大事なことなんですよ。「型破り」と「デタラメ」は違いますから、最初は徹底して「型」を覚えさせないといけない。基本がしっかりできてこそ、型破りなこともできるようになる。武道などと同じです。

第4章 宗教改革と創価学会

「平成の宗教改革」の本質とは

松岡　佐藤さんにいただいたご著書『宗教改革の物語――近代、民族、国家の起源』（KADOKAWA）を、感銘を持って拝読いたしました。私も当事者として関わった創価学会と日蓮正宗の訣別（けつべつ）について、学会側は「平成の宗教改革」と呼んできました。まさにそれは日蓮仏法における宗教改革であったわけで、中世キリスト教の宗教改革を、先駆者ヤン・フスを中心に論じたあの本は、私にとっても大変示唆に富むものでした。

佐藤　ありがとうございます。

松岡　あの本のなかで、「異教」と「異端」の違いに言及されていましたね。

佐藤　はい。キリスト教神学では、「異教」はキリスト教以外の宗教を指します。異教とキリスト教のどちらが正しいかを判定するためには、「弁証学」が用いられます。それに対して「異端」とは、同じキリスト教のなかで考え方が違う一派を指します。「異端」との間で行われるのは「弁証学」ではなく「論争学」になります。

本来「異端」との間のほうが距離は近いはずですが、「異教」とのほうが併存しやすい。なぜなら、「異教」に対しては「無関心・無関係」を保ちやすいからです。しかし相手が「異端」となると、無関心ではいられず、いろいろと面倒くさいことになるわけです（笑）。

松岡　いわゆる「第二次宗門事件[*1]」をめぐる経緯のなかで、宗門が創価学会を「破門」したわけですが、それはまさに彼らが学会を「異端」扱いしたわけです。異教ではなく異端だからこそ、衝突が起きた。

佐藤　そうですね。不思議なのは、破門してもう関係ないのなら無関心を

＊1 第二次宗門事件　一九九〇年に表面化した第二次宗門事件により、創価学会と日蓮正宗は訣別に至った。宗門は創価学会に「破門通告書」を送付し（九一年十一月二十八日）、創価学会も宗門から「魂の独立」を果たしたとしている。

決め込めばよいものを、あの人たちは破門後も学会から信徒を奪い取ろうと画策してきたことです。それは私から見ると、「お前のことは勘当する。しかし、お前が息子であることに変わりはないのだから、親の言うことを聞け。親には仕送りをしろ」と言っているように聞こえます（笑）。

松岡　まさに「内ゲバの論理」で、自分に近い存在ほどエキセントリックに排撃するわけです。それから『宗教改革の物語』のなかに〝「超越性に対する感覚」を失うと、信仰は単なる世界観になり、寛容性を失って、自分たちの世界観を他者に押し付けるようになる〟という一節があって、本当にそのとおりだと思いました。

宗教改革とは、要するに「宗教の原点回帰」のことであるわけですが、どのように原点回帰すればよいかというと、それは「超越性の感覚を取り戻す」ということに尽きると思うんです。そのような宗教改革の本質を、見事に摘示された文章だと感じました。

佐藤　宗門は「超越性に対する感覚」を失ってしまったわけですね。

松岡　そうなんです。宗門の僧侶は、江戸時代の檀家（だんか）制度によって「職業化」してしまいました。本来は生き生きとした宗教活動であるはずが、ただの「僧侶という職業」になってしまった。その結果、宗門の僧侶から「超越性に対する感覚」がどんどん失われてしまった。佐藤さんのご著書にある言葉を借りれば、「自己保存のビジネス」と化してしまったんですね。

佐藤　しかも、宗門には「僧が上、信徒が下」というヒエラルキーがあって、なおかつ、僧のなかにも細かいクラス分けがなされていますね。まるで中世の硬直したカトリック教会のようだと感じます。

松岡　私が宗門と論争していたころ、相手の言い分のなかでいちばんあきれたのが、「法主(ほっす)だけは本仏(ほんぶつ)の境地にある」という意味のことを言い出したときです。法主も一人の信者であるはずなのに、彼らにとってはまず何よりも僧俗差別と法主絶対主義があるわけです。そこまで硬直化した世界観を持っているからこそ、その世界観以外の考え方は認めない。そして、創価学会のように「似て非なるもの」ほど、自分たちのアイデンティティーを脅かす存在となるため、必死になって排撃するわけです。

佐藤　これまでの宗門と学会の論争、あるいは松岡さんと宗門の論争の記録を読んでみると「論争がまったくかみ合っていない」という印象を受けます。特に宗門の主張には、論理学で言うところの「恒真命題(こうしんめいだい)」――トートロジーが多いですね。前提を認めれば必ずその答えが導き出される。たとえば、「明日の天気は、晴れか晴れ以外のいずれかでしょう」という天気予報があったとします。この天気予報は一〇〇パーセント当たります。しかし、天気に関する情報を何も与えてくれない無意味な天気予報です。実は何も言っていないに等しい。宗門側の主張には、それに近いものを感じます。

松岡　そうですね。私の『公開問答10の破折』（第三文明社）にも書きましたが、宗門の主張は循環論法に陥っています。法主の専権的な立場を、法主自らの文言によって正当化しようとするようなやり方です。たとえば、「（前法主の）阿部日顕が血脈相承を受けていると、どうして言えるのか？」という質問に対する宗門側の回答は、結局「それは日顕が『血脈を受けた』と言っているからだ」というものでした。要は〝日顕は法主だ。なぜなら法主の日顕がそう言うからだ〟と主張しているわけで、まさに「何も言っていないに等しい」のです。

佐藤　宗門側の主張は、論理学のテキストにトートロジーの見本として載せてもいいようなものですね（笑）。あれほどあからさまに同語反復を繰り返している文章は、めったにない。私には、宗門は学会を説得することはもうあきらめていて、「法華講（日蓮正宗の信徒団体）をこれ以上崩されないように」という内部固めのためだけに反論していたように見えます。

それに対して創価学会は、天気予報のたとえを続けるなら、「明日、雨が降る確率は二〇パーセントでしょう」と予報するような形の主張をしています。つまり、両者のよって立つベースがまったく違うので、論争としてかみ合うはずもないのです。

「超越性の感覚」は「師弟」から生まれる

松岡　佐藤さんはご著書のなかで、池田大作ＳＧＩ（創価学会インタナショナル）会長の哲学は「生命的存在論」だと指摘されていますね。池田会長の哲学を外部の人が理解するのが難しい理由の一つも、まさにその点にあると思うのです。つまり、「生命的存在論」だからこそ、図式化したり対象化したりして理解することが難しい。言語化しにくいのです。その点を正しく指摘された――つまり学会について生命論・存在論として論じ得た外部の知識人は、私の知る限り佐藤さんが初めてだと思います。

佐藤　いやいや、過分なお言葉に感謝します。

松岡　これまで学会の生命論がどのように受け止められてきたかといえば、思想史的に位置づける形での理解でした。大正時代に「大正生命主義」という思想潮流が生まれ、トルストイやショーペンハウアー、ベルグソンなどの生命論がはやって、その影響で大本（おおもと）教などの宗教団体も「生命」ということを盛んに言い出した。創価（教育）学会も、その「大正生命主義」の一分派のようなものとして、「生命」ということを言い出したのだろう……というような、図式化された理解でしかなかったのです。

佐藤　「図式化された理解」といえば、創価学会が日本社会に果たしてきた役割についての識者たちの見方も、かなり図式的ですよね。たとえば「戦後、都市化が進むなかで、田舎から都市に出てきた孤独な青年たちのセーフティーネットとして、学会が受け皿になった。だから、高度成長期に学会は躍進したのだ」という紋切り型の説明があります。あるいは、「社会的弱者に対する再分配の一つの形として、創価学会には存在意義がある」というような説明もよくあります。

私は、その手の社会学的な説明だけでは「冷たい」のではないかと思います。論者が自らを上に置き、創価学会を下に置いて、見下すような形で浅薄な理解をしている。理解の仕方が乾きすぎているんです。もっと、池田会長と個々の会員の師弟関係とか、そのなかで学会員が自分の悩みをどう乗り越えていくかとか、「生きた宗教」としての創価学会を正視眼で見据える分析があってしかるべきだと感じていました。

松岡　佐藤さんの学会に対する論評には、そういう「冷たさ」がないですね。ご自身が信仰者であるからだと思いますが……。

佐藤　確かに、信仰者だからこそ、外部観察者ではあっても創価学会の本質がよくわかるということはあると思います。たとえば、私は『創価学会と平和主義』のなかで、「創価学会の活動すべてが『池田大作』という名前と結びついている」と書きました。つまり、池田会長のことを論じずして、学会は論じられないのです。そのことは学会を虚心坦懐に観察すれば自明だと思うのですが、世の中には池田会長についてほとんど触れないで創価学会を論じる著作も多いですね。私は、そういう「冷たい」社会学的分析では、学会の本質に迫り得ないと思います。

松岡　話を戻しますが、宗門の僧侶たちが失ってしまった宗教の原点ともいうべき「超越性に対する感覚」を、個々の創価学会員は豊かに持っています。また、池田会長の言説すべてを貫いているのも「超越性に対する感覚」でしょう。では、それがどこから生まれているかといえば、学会の生命線である「師弟」から生まれるのだと思います。

個々の学会員は、自らが直面する課題を乗り越えるために、師である池田会長に対して誓いを立てます。心のなかでだけ誓うこともあるでしょうし、会長に対して手紙を書いたりする場合もあるでしょうが、いずれにせよ、師に対して誓います。その誓いを通して、学会員は自分の殻を破り、人間革命をしていく。そのプロセスを通じて、日々の生活のなかで常に超越的なものに触れているわけです。だからこそそうした感覚を生き生きと持ち続けることができる。つまり、創価学会が「生きた宗教」であることの大きな源泉は、池田会長との師弟関係なのです。

佐藤　よくわかります。

松岡　だからこそ、佐藤さんがおっしゃるように、池田会長と個々の会員の師弟関係に目を向けずして、学会の本質は理解できないのです。佐藤さんはプロテスタントのキリスト教徒として、「超越性に対する感覚」を持ち続けておられるからこそ、その点を正しく理解されているのだと感じます。

学会の普遍的価値観が社会を健全化

松岡　師弟の絆とともに、学会員の「超越性に対する感覚」のもう一つの源泉となっているのが、『法華経』それ自体だと思います。

私は、『法華経』は「宗教改革の経典」だと考えています。キリスト教の宗教改革を担ったルターが、特権的聖職者から一般信徒たちの手に信仰を取り戻したように、『法華経』は「末法に生きる法華経の行者は全員が不思議な仏の使いであり、悪世の人々を救済する『地涌の菩薩』という名の主体者だ」と説きました。

つまり、衆生を「仏に救済される側」としてのみとらえたそれまでの経典に対して、『法華経』においては衆生一人一人が救済者になり得るわけです。その意味で、仏教における宗教改革の経典でもあった。そして、「自分も地涌の菩薩だ」という自覚それ自体が、「超越性に対する感覚」を育むのです。

佐藤　わかります。私は今、月刊『潮』で、池田会長の創価大学における講演集を読み解く連載（「新時代への創造」）をやっています。これは、創価大学の学生自治会がまとめた『創立者の語らい』というパンフレットをテキストにしたものです。創価大学生に向けて語られた内容なので、一般の講演集などに収録されていない講演も多いのです。だからこそ、池田会長の思想が「生」の形で表れた貴重な文献になっています。

それらの講演を精読する作業のなかで強く感じるのは、社会に貢献し、世界平和に貢献する人材を創価大学から輩出しようとする、創立者としての情熱です。その情熱は、宗教的な言葉に言い換えるならば、「悪世の人々を救済する主体者たれ」という思いなのでしょう。

松岡　私自身も創価大学出身ですが、学生時代を振り返ると、いちばん強く心に刻まれている創立者の言葉は、開学の日に学生たちに贈られた指針「英知を磨くは何のため　君よ　それを忘るるな」です。この言葉は、卒業してからどれだけ年月がたっても、折に触れて思い浮かびます。

佐藤　それは、「学問を立身出世の道具にしてはいけない」ということなのでしょうね。

松岡　そうですね。「何のため」とは、言い換えれば「人のため」ということでしょう。あらゆるまっとうな宗教は「人のために生きることこそが最高の幸せだ」ということを説いていますし、仏典にもそれに通じる言葉があります。たとえば、原始仏典の『雑阿含経』には、「善き友を持つことが、仏道修行の半分に相当するのですね」と問う弟子に、釈尊[*2]が「それは違う。善き友を持つことが、仏道修行のすべてなのだ」と答える有名な一節があります。この一節は示唆的で、人間関係に仏道修行の核心があるというのです。友人を思いやり、互いに励まし合うような当たり前のことが極めて重要になってくるわけです。

佐藤　創価学会で言う「価値創造」も、世間一般の言葉に言い換えれば、「人のためになることをする」ということなのでしょうね。

松岡　そうですね。『法華経』で説かれる「衆生所遊楽」も、学会の理念に言う「自他共の幸福」も、要は「人のためになる」ということに尽きると思います。そのことを、池田会長が開学の指針のなかで「人のため」と言わず、あえて「何のため」という言葉にしたのは、一人一人が「何のため」を常に主体的に問いかけていけ、という意味なのかもしれません。

佐藤　キリスト教に引き寄せて考えれば、「召命観」ですね。ドイツ語で「Beruf（ベルーフ）」と言いますが、「すべてのキリスト教徒は自らの仕事を

*2 **釈尊**　仏教の創始者・釈迦牟尼世尊のこと。牟尼も世尊も尊称。略して釈迦、釈尊などと呼ばれる。

通して神の召しに応えるのだ」という、宗教改革以降の召命観に近いと言えます。

料理人が客のためにおいしい料理を工夫することも、大工が施工主のためによい家を建てることも、政治家が国民のために懸命に仕事をすることも、キリスト教徒にとってはすべてが「Beruf」であり、等しく価値を持つ。適性によって役割分担がなされているだけで、「Beruf」に価値の上下はない、と考えます。

松岡 創価学会においてもまさに同じです。あらゆる職業、あらゆる立場の人が、それぞれの立場で「人のため」を考えて行動することによって、自らの使命を果たしていこうとする組織なんです。そこに価値の上下はありません。たとえば「政治家だから一般庶民よりも偉い」などという考えを、学会員は持ちません。適性による役割分担で政治家になっているだけだと考えるからです。だから、学会員は普通、公明党の国会議員を「○○先生」とは呼びませんん（笑）。

また、仏教は「中道」[*3]ということが説かれるように、人々を偏見から解き放ち、正しいものの見方に導いていく宗教です。その意味で、創価学会

*3 **中道** 仏教哲学の概念で、有・無などのどちらか一方の両極端に偏執しない、自由自在にして不偏の道のこと。

は「社会を健全化していく役割」を担っている宗教だと思います。

佐藤　そのことは、私も強く感じています。そして、宗教を広義にとらえるならば、宗教を持っていない人は実はいないんですね。ニコライ・ベルジャーエフというロシアの宗教哲学者が「人間は何かを信ずる存在であり、非宗教的な人間はいない」と言っています。ベルジャーエフは、共産主義思想を宗教として分析・批判した人物です。歴史家のアーノルド・トインビーも、共産主義を〝宗教にとって代わろうとした新しい宗教〟ととらえました。

池田会長も「国家主義というのは、一種の宗教である。誤れる宗教である。国のために人間がいるのではない。人間のために、人間が国をつくったのだ。これを逆さまにした〝転倒の宗教〟が国家信仰である」と喝破しています（『池田大作名言100選』中央公論新社）。このように、政治思想には宗教としての側面もあります。また、特定の政治思想を持っていなかったとしても、拝金教や出世教の〝信者〟となって生きている人はたくさんいます。

また、無神論者は「無神論教」の信者、唯物論者は「唯物論教」の信者とも言えるわけです。学会員の皆さんが友人を折伏するとき、「私は宗教には興味ないから」と言われることも多いでしょうが、そういう相手も何かの「信者」ではあるのです。そのようにすべての思想信条も広義の宗教としてとらえた場合、どの宗教が社会を健全化し、どの宗教が社会をダメにするのかは、おのずと明らかだと思います。

松岡　日蓮大聖人が鎌倉幕府に求めた他宗派との「公場対決」も、要は、どの宗派が社会を健全化するのか、それともダメにするのかを、公平な目で判定してもらおうとするものでした。

佐藤　そうですね。日本を平和の方向に導くためにふさわしい宗教を、為政者に選ばせようとした。その意味では日蓮も愛国者でした。私は現在の創価学会も、実は愛国的な宗教団体だと思います。ただし、それは国家主義的な「愛国」ではない。平和主義・人間主義という普遍的価値に基づいた「愛国」です。松岡さんがおっしゃるように、創価学会が持つ普遍的な価値観は、社会を健全化していく力になると思います。

第5章 国家との向き合い方

戦時中の弾圧と「大阪事件」の連続性

松岡　戦時中の創価教育学会が受けた宗教弾圧について、あらためて考えてみたいと思います。従来は、「牧口常三郎初代会長らの宗教的信念と、国家神道が相容れなかったから弾圧された」という解釈が主流でした。

しかし私は、ことの本質はそこにはないと考えます。というのも、戦時中には「大本教」や「ひとのみち教団」など、教派神道系の教団も弾圧されたからです。特に、ひとのみち教団は天照大神を最高神とし、「教育勅語」を聖典としていました。それほど当時の国策に沿った教団であったにもかかわらず、弾圧された。つまり、「宗教的信念が国策と合わない教団が弾圧された」というわけでは、必ずしもなかった。本質は、「国家に隷属しない教団が弾圧対象になった」ということだったと思うのです。

佐藤　わかります。国家に「まつろわない」（不服従の）教団が弾圧されたということですね。戦時中の弾圧については、岩波新書の『宗教弾圧を語る』という本が面白いです。弾圧経験者による証言集ですが、読むと、当局が何を考えていたのかが見えてきます。たとえば、（天理教の分派である）「ほんみち」が弾圧されたのは、「天理教は直接弾圧するには大きすぎるから、ほんみちを標的にして天理教本体を牽制（けんせい）しよう」という思惑だったのだな、とか……。

キリスト教系についても同様で、「日本基督教団」を直接やると何かと面倒だから、「ホーリネス」や「灯台社」のような小さな教団を弾圧した。ホーリネスも灯台社も、国家とことを構えようという革命志向はないにもかかわらず、弾圧対象になった。それは、そのことによって日本基督教団を牽制しようとしたのだと思います。

松岡　なるほど。

佐藤　それから、創価学会弾圧について私が思うのは、それは終戦と同時に終わったわけではないということです。実は戦後も、形を変えて静かに弾圧が継続されていた。そして、その弾圧が表面に表れたのが、池田大作SGI（創価学会インタナショナル）会長（当時青年室長）が無実の罪で逮捕・投獄された「大阪事件[*1]」だったと思うのです。

松岡　「大阪事件は、戦後の創価学会の急成長に危機感を抱いた国家権力による弾圧であった」という解釈は、池田会長による『人間革命』にも書かれているほどで、学会の公式見解とも言えます。しかし、それが戦時中の弾圧と連続したものであるという見方は、あまりされていないように思います。

佐藤　私には、戦時中の弾圧と大阪事件はまったく同じ構図に見えます。大阪事件というのは、ヤクザが因縁をつけるようなたぐいの話ですよ。ごく一部の会員による小さな選挙違反を、「選挙支援の総責任者であった池田が指示した組織ぐるみの犯罪に違いない」と故意に邪推して、池田会長と無理やり結びつけたのですから……。

＊1　大阪事件　一九五七年四月に行われた参議院大阪地方区の補欠選挙において、創価学会員から選挙違反者が出たことに関連づけて、当時選挙支援の責任者であった池田会長が逮捕・勾留された事件。

後に無罪を勝ち取ったことでわかるとおり、実際には組織ぐるみではなかったわけで、池田会長は取り調べの際、最後まで無罪の主張を貫くこともできました。しかし、そうしなかった。それは、会長が国家権力側の意図を見抜いていたからだと思います。

松岡　検察側は取り調べ中に、戸田城聖会長の逮捕と創価学会への手入れをほのめかしたそうですね。池田会長は後に、獄中にあったときの心境について「精神的に苦痛であったのは、戸田先生を捕まえようとしていたり、学会本部を手入れしようとしていることを聞いた時です」（『青春対話』聖教新聞社）と述懐しています。「戸田先生が年配で体力的に厳しいことは、だれよりも私が、よくわかっていた。もし、牢に入れられるようなことがあれば、先生の命にかかわったでしょう」（前掲書）と……。

佐藤　ええ。私はそこにこそ、戦時中の弾圧との連続性を見るのです。かつての弾圧で高齢だった牧口初代会長は殉教されましたが、戸田第二代会長は生きて出獄し、創価学会を再建した。だからこそ国家権力は、今度は戸田会長までも獄中死させることで、「まつろわない教団」たる創価学会を完全に解体しようとしたのでしょう。

松岡　戸田会長の逮捕は池田会長の供述を引き出すための脅しではなく、むしろ獄死させることこそが真の狙いであったという見立てですね。そう考えると、ちょっと背筋が寒くなりますね。

佐藤　その「狙い」を見抜いたからこそ、若き日の池田会長は無実でありながら容疑を認めるとも受け取れる供述をし、裁判闘争で無罪を勝ち取る道を選んだのでしょう。

池田会長の意志力をもってすれば、検察の尋問に耐え抜いて完全否認を貫き通すことは、十分にできたはずです。しかし、そうしなかった。検察側の言い分を半分だけ飲み込んだ調書にする代わりに、戸田会長の逮捕は絶対に防ごうとされたのです。それは、師を守り、学会を守るためのぎりぎりの判断だったのでしょう。

私は、池田会長は宗教的天才であると同時に、卓越した実務家でもあると考えています。つまり、創価学会という組織を維持・発展させる最善の道を選ぶ判断力にかけても、天才的なものがある。その判断力が、大阪事件の対応においても発揮されたと思います。

国家権力の危険性を「脱構築」していく

佐藤　それから、これは私の推察ですが、池田会長は自らが弾圧の矢面(やおもて)に立った入獄体験を通じて、〝将来は人材を育成して、壁の向こう側に同志を送り込まなければならない〟と決意されたのではないでしょうか。

松岡　「壁の向こう側」とは、どういうことでしょう。

佐藤　大阪事件当時、創価学会と国家権力の間には、目に見えない分厚い壁がありました。その壁の向こう側――平たく言えば国家権力側ということです。

戦時中も戦後も、「まつろわない教団」である学会は国家権力に弾圧されてきました。だからといって、国家を否定したり、国家公務員である検察官や裁判官、官僚などのありようを否定してみても、何の意味もありません。それでは、権力をやみくもに敵視するだけの青くさい反権力主義になってしまいます。創価学会はそうではない。学会が根底に持っている「存在論的平和主義」からすれば、平和という大目的のために、「国家権力のありようから変えていく」という道を選ぶはずです。

そのためには、きちんとした価値観を持ち、志を同じくする者たちを、壁の向こう側、すなわち国家権力の内側に送り込まなければならない……大阪事件に際して、若き池田会長はそこまで考えたのではないでしょうか。

松岡　その「国家権力のありようから変えていく」という発想が、政治に関わるうえで大切なのでしょうね。そうしないと、たとえ「政治主導」を掲げたとしても、結局官僚をうまく使いこなすことができずに失敗したりするのでしょう。

佐藤　そう思います。それに、あまり短期間で政権を失ってしまうと、国家権力を変えるほどの時間を取れないこともあるでしょう。ただ、時間がかかるといっても、国家権力の内側に有為の人材を送り込むためには、二十五年あれば足りるわけです。若き日の池田会長は、大阪事件以後、それだけ未来を見据えて人材育成に取り組んでいったのだと思います。そして、その取り組みの結実として、学会員の官僚・法曹・政治家が陸続と生まれてきたわけです。

松岡　一昔前の週刊誌には、〝学会員の官僚や検察官はこんなにたくさんいる。これは学会の日本支配計画の一端なのだ〟という与太記事がよく載りました。「学会員を国家権力側に送り込む」というと、そういうふうに受け止められかねない危うさがありますね。

佐藤 もちろん、私が言うのはそんな意味ではありません。学会が目指してきたのは、「国家権力の危険性をいかに脱構築していくか」であり、そのことを通じて日本社会を健全化していくことだととらえています。

松岡 池田会長の言う「総体革命」も、本来そういう意味ですね。

平和のための国家諫暁こそ、学会の役割

松岡 国家権力による弾圧で殉教された牧口初代会長が、国家をどうとらえていたかを少し考えてみます。一九四一年に創価教育学会の総会が行われた際の会長講演の記録が残っていますが、そこには次のような一節があります。

「世界の生活が確定せねば国家の生活は定まらない。その世界は現在だけでは分らぬ。世界は過去現在将来の三世が分らなくては分らぬ」(一九四一年七月『価値創造』)

つまり、牧口会長にとって、世界全体を見渡し、過去・現在・未来の三

世を見通す仏法の「全体観」に立つことこそ、正しいものの見方だったのです。その見方に立ってこそ、健全な国家運営もできると考えていた。

対照的に、国家神道は世界との共存共栄を無視して自国の繁栄のみを願い、「三世の全体観」を説き明かした仏法をないがしろにするものでした。牧口会長にとって、それは大河の流れに逆らって進む小舟のように危うい「部分観」にすぎませんでした。偏頗（へんぱ）な部分観を絶対視して進む日本は、「いつ転覆してもおかしくない」——牧口会長にはそう思えたのでしょう。

佐藤　実際、その後すぐに日本は敗戦で一度滅んだわけですしね。

松岡　ええ。牧口会長は「信念の人」でしたが、同時に合理的な「道理の人」でもありましたから、道理から考えて日本の進路の危うさがよく見えたのだと思います。だからこそ、いわば親心で、国家神道の誤りを正さずにはいられなかったのでしょう。実際、牧口会長は当時「国家を教育する」という趣旨のことも述べています。

佐藤　よくわかります。牧口会長の殉教は、まさに国の行く末を憂えての国家諫暁（かんぎょう）の結果であったわけですね。私は、二〇一四年の集団的自衛権をめぐる閣議決定で公明党が選んだ道も、広い意味では「国家諫暁」であったと思います。というのも、安倍首相たちにまかせておいたら、日本がどんどん危うい方向に進んでいってしまうことが、公明党・創価学会の人たちには見えていた。だからこそ、政権のなかに居続けながら閣議決定を軌道修正する道を選んだ。そして、公明党の奮闘の結果、「七・一閣議決定」後も、実質上は個別的自衛権の範囲内でしか自衛隊が動けないように、歯止めがかけられたわけです。

仮に、一連の経緯のなかで公明党が政権離脱を選び、安倍政権がほかの右派勢力と組んで集団的自衛権行使に向けて突き進んでいたら、今ごろどうなっていたでしょう。「IS（イスラム国）」との戦いにおいても、日本は何の準備もないまま、米軍主導の「有志連合」に、軍事的後方支援を含む全面的コミットメント（介入）を強いられていたかもしれません。もしそうなっていたら、二〇一五年一月に起きた『シャルリー・エブド』襲撃事件＊2のようなテロが、パリではなく東京で多発していた可能性もあるのです。

松岡　そうですね。

佐藤　私たちはとかく、平和なときには平和のありがたみがわかりません。日本国内ではまだイスラム過激派のテロが起きていないし、隣国との戦争

＊2　**『シャルリー・エブド』襲撃事件**　二〇一五年一月七日、過激な風刺画で知られるフランスの政治週刊誌『シャルリー・エブド』の事務所に覆面姿の男二人が押し入り、警察官を含む十二人を射殺。その後犯人らは印刷会社に籠城したが、フランスの対テロ特殊部隊に射殺された。

も起きていないから、平和を守っている人たちの努力も見えにくい。しかし実際には、水鳥が水面下で水をかき続けているように、日本の平和を守るために懸命に努力を続けている人たちがいて、かろうじて日本は平和を保っているのです。

ローマ教皇フランシスコは、二〇一四年九月に「世界はすでに第三次世界大戦の状態にある」と発言して話題になりました。つまり、国家対国家の戦争ではなく、ＩＳのような巨大テロ組織が一方の主役となる「非対称の世界大戦」が始まっている、という認識ですね。私はその認識は正しいと思います。

また、ロシアによるクリミア編入[*3]をきっかけに国際秩序の構造転換が進み、「新帝国主義」の時代が到来しています。局地戦が拡大して、第三次世界大戦に発展する可能性も、決して過小評価できません。そうしたきな臭い国際情勢のなかにあって、創価学会と公明党が現実の政治で、日本の平和を守るための大きな役割を果たしていると、私は感じています。

松岡　牧口初代会長に限らず、創価学会員には「宇宙的全体観」に立って物事をとらえる視点が常にあると思います。一つの国家や民族を絶対視しない

＊3 クリミア編入
二〇一四年三月十八日、ロシアがウクライナ南部のクリミア自治共和国とセヴァストポリ特別市をロシア領土に編入することを宣言。三者で条約が結ばれたが、ウクライナや西側諸国などはこれに反発し、相次いで非難を表明した。

視点といいますか。それが世界平和志向に直結しているという面があります。

佐藤　そうですね。そして、個々の学会員さんが持っているその「全体観」は、小難しい理屈じゃないと思うんです。日々の信仰活動のなかで自然に培われた直観的なものであり、骨身にしみて体質となっている。私がいつも言っている、「創価学会の皆さんは戦争のできない体になっている」ということも、その表れですね。世界に目を向け、過去・現在・未来の三世を意識する「全体観」が体質となっているからこそ、日本一国の繁栄のみを願ったりはしない。

そして、物事が平和の方向に進むように行動することが、無意識の習い性になっている。私は、学会の婦人部の皆さんと接すると特にそのことを感じます。

先日も、家の近くの道を歩いていたら、見知らぬご婦人が「ちょっとちょっと、佐藤さん……」と私を呼び止めるんです。そして、「あんた、いい本書いたねえ。きっと幸せになるからね。あたしも頑張ってるから、あんたも頑張ってね！」と励ましてくれました（笑）。どうやら、私の『創価学会と平和主義』（朝日新書）のことを言われているようでした。きっと婦人部の方でしょう。そういうところに、私は学会の強さを感じるんですね。つまり、理屈先行ではなく、ごく普通の〝庶民のおばちゃん〟が、日常生活のなかで平和というものを大事に考えて、自分の立場で頑張っている。そして、学会のなかでは、いつも難しいことを考えている幹部も、婦人部の一メンバーも、まったく対等な立場である。それが学会の強さだと思います。

「国体問題」に触れない形で、国を変えていく

松岡　社会体制の問題は重要です。ただ、創価学会の「存在論的平和主義」の根本は、「どんな社会体制になっても、体制を人間が従えていく」ということに尽きます。つまり、「人間が体制に隷属するのではない」という人間主義ですね。牧口初代会長が獄中にあっても権力側の人間を教え諭す姿勢を保ったのは、その最たる例でしょう。

日蓮にも、「王地に生まれたれば身をば随えられたてまつるやうなりとも心をば随えられたてまつるべからず」(「撰時抄」)という名高い言葉があります。「王の支配する地に生まれたのだから、身は従えられているようで

あっても、心まで従えられてはならない」という意味ですね。そのような「体制を人間が従えていく」姿勢を保つ限り、必ず平和は実現できる——というのが創価学会の平和主義だと思います。

佐藤　わかります。その姿勢を別の言い方で表現すれば、「国体（ある国の基礎的な政治の原則）問題に触れない形での社会改良運動」ということになると思います。つまり、国体を変えようとするような位相ではないということです。

松岡　牧口会長がやろうとしたのもまさにそういうことで、当時の天皇中心の国体理念を「共存共栄の理念」としてとらえ直し、そちら側に誘導しようとしたわけです。

佐藤　池田会長の諸外国とのつきあい方も、同じ姿勢ですね。たとえば、会長が一九七四年にソ連（当時）を訪問し、当時のコスイギン首相と会見したときのことを考えてみましょう。

実はコスイギンは大変な改革派で、旧弊なブレジネフ体制のなかにあって、「中国との戦争を阻止したい」と本気で考えていた人でした。そういう人たちとつきあうにあたって、池田会長はまず「ソ連では布教活動は行いません」と明確に意思表示をしました。科学的無神論を国是とする当時のソ連にあっては、布教活動は国体問題に触れる行為でした。だからこそ、池田会長はそこには踏み込まないと宣言したうえで、文化交流や教育交流に徹したわけです。

松岡　そうすることによって、ソ連側も安心して創価学会とつきあえたわけですね。

佐藤　ええ。そして、池田会長のこうしたアプローチは、十数年後、ゴルバチョフ時代になってから大きな花を咲かせることにつながりました。一九九〇年十月一日、ゴルバチョフ・ソ連大統領の署名による、「信仰の自由および宗教団体に関する法律」の成立——つまり、ソ連における「信教の自由」の確立です。その背景にあったのは、ゴルバチョフが創価学会との交流のなかで、「宗教は阿片なり」という考え方が狭いと気づいたことにありました。

つまり、池田会長はソ連において性急に広宣流布をしようとしなかったことによって、むしろ中・長期的な広宣流布を大きく前進させたわけです。文化交流・教育交流、そしてソ連指導部との地道な交友を積み重ねて、無神論を国是とする国を根本から変え、ロシア広布に必要な条件を整えてしまった。池田会長のスケールの大きな洞察力に、感服させられます。

松岡　中国との交流においても、池田会長は同じ姿勢で臨んでいますね。文化交流などに徹して、布教活動は行わない。つまり、中国の国体問題には触れないという……。

佐藤　まさにそこがポイントです。私は、遠くない将来に、ゴルバチョフがソ連に信教の自由をもたらしたのと同じことが、中国でも起きるのではないかと考えています。つまりそこでもまた、創価学会の影響力が国を変えつつあるのです。

松岡　国家に隷属するのではなく、国家と敵対するのでもなく、融和しながらも、少しずつ国を変えていく……そうした創価学会の姿勢は、まさに佐藤さんがおっしゃる「国家権力の危険性の脱構築」であり、「国家の健全化」だと感じます。

第6章

「言論問題」再考

「過度の政教分離」を見直すべき時期

佐藤 二〇一四年十一月に発刊された『大衆とともに——公明党50年の歩み』（公明党史編纂委員会著、公明党機関紙委員会発行／以下、「五十年史」と略す）は、素晴らしい本だと私は思いました。

松岡 結党五十年（二〇一四年十一月十七日）の佳節を記念して編まれた、公式の党史ですね。

佐藤　ええ。この「五十年史」で私がいいと思うのは、第一に、創立者である池田大作SGI（創価学会インタナショナル）会長と党の関係を可視化し、きちんと位置づけている点です。

象徴的なこととして、巻頭の口絵（グラビア）の最初の見開きを開けると、創立当時の池田会長の写真が一ページを割いて大きく掲載されています。しかも、口絵に続く「はじめに」の一行目には、「公明党は1964（昭和39）年11月17日に、池田大作創価学会会長（当時）の発意によって結成された」とあります。これは、少し前までなら考えられなかったことです。「結党五十年の節目を期して、党としての原点に還ろう」という、今の「山口（那津男・代表）公明党」の覚悟を感じました。

松岡　「学会・公明党の政教一致批判」に配慮して、一九七〇年代以降、池田会長が創立者であると強調することは避けてきた経緯がありますから……。

佐藤　私は、一時期までのそうした配慮は行き過ぎていたと考えています。宗教政党は国際的には珍しくないですし、宗教団体の政治参加それ自体は、憲法の政教分離原則[*1]に何ら抵触するものではありません。学会・公明党に

*1　**政教分離原則**　国家がある特定の宗教を擁護したり、国民に宗教を強制したりすることを禁じる原則。

対する「政教一致批判」のほうがおかしいのです。もっと堂々と、公明党が池田大作氏によって創立されたこと、日蓮仏法を根底に据えた政党であることを、公に表明していくべきだと思います。

松岡　佐藤さんは『創価学会と平和主義』（朝日新書）のなかでも、「公明党と創価学会の距離、つまり『政』と『教』が分離し過ぎている」「過度の政教分離はかえって公明党の危機を招く可能性がある」と指摘されていましたね。

佐藤　ええ。たとえば公明党の公式サイトの「沿革」の欄を見ると、年表が公明政治連盟（公明党の前身）の結成から始まっていて、その前史である創価学会の政治進出には触れられていません。予備知識のない人が見たら、学会と公明党は無関係に見えてしまうでしょう。七〇年代からの政教一致批判に対する配慮であるにしろ、ちょっと行き過ぎです。

そうした過度の政教分離が、一般国民にある種の「うさんくささ」を感じさせています。つまり、外部の人間からは、学会と公明党が互いの関係について不正直であるように見えてしまうのです。だからこそ私は、『創価学会と平和主義』で、「公明党と創価学会はお互いの距離を、外部の人間の目にも見える形で縮めるべきだ」と提言しました。

松岡　公明党が「五十年史」で堂々と池田会長のことに触れたのは、佐藤さんの提言が影響を与えたのかもしれませんね。

佐藤　私の影響力などないと思いますが（笑）、こういう変化は大歓迎です。

「言論妨害」ではなく、「要望」にすぎなかった

佐藤　それから、「五十年史」で私が評価する第二の点は、「言論問題」について一章を割いて取り上げ、当時向けられた批判の数々を論破しているところです。

松岡　確かに、公明党が公刊物で「言論問題」を真正面から取り上げたのは異例です。創価学会側としては、池田会長の『新・人間革命』第十四巻（二〇〇五年刊）「烈風」の章で、「言論問題」を真正面から描いていますが……。

佐藤　「言論問題」についての章は、先ほど述べた口絵の写真や「はじめに」の記述と、いわばセットになっているのだと思います。仮に、創立者の池田会長に言及せずに「言論問題」について取り上げていたとしたら、

中途半端で迫力がなかったでしょう。

私は、公明党が勇気を出して「言論問題」にきちんと向き合う姿勢を示したことは、大きな前進だと思います。言論問題に決着をつけておくことは、公明党にとっても創価学会にとっても非常に重要です。学会と公明党の「行き過ぎた政教分離」も、マスコミの過剰な学会バッシングも、「言論問題」が大きな契機となったのですから……。

松岡　そうですね。この対談でも今回は、「言論問題」についてあらためて考えてみたいと思います。ただ、勃発から四十数年がすぎていますから、今の若い学会員は「言論問題」についてよく知らない人が多いでしょう。そこで、まずは私から問題の概要を話しておきたいと思います。

ことの発端は、一九六九年に、政治評論家の藤原弘達（ひろたつ）が、『創価学会を斬る』と題する本（版元は日新報道）を出版したことでした。刊行は十一月十日でしたが、同年の八月末には刊行を予告する電車の中吊り広告が打たれています。その内容は、事実に基づかずに臆測で創価学会をナチス呼ばわりし、公明党解散を唱えるものでした。この年の十二月二十七日には衆議院の解散・総選挙が行われていますが、夏ごろから「年内解散必至」

といわれていた状況だったのです。

佐藤　つまり、最初から選挙妨害目的の出版であることが明白だったということですね。現在の話に置き換えてみれば、そのひどさがわかります。たとえば、衆院選投票日の一カ月前に、『岡田民主党を斬る』とか『安倍政権を斬る』というタイトルで事実無根の中傷を並べた本を出したならば、「あからさまな選挙妨害だ」と見識を問われるでしょう。

松岡　そうなんです。たとえば、マスコミ界の重鎮であった評論家の大宅壮一も、『創価学会を斬る』の刊行翌年に、「選挙戦における秘密兵器の効果を狙ったと思われてもしかたのない時点で刊行されている。これは重大な問題である」（『現代』一九七〇年三月号）と論評しています。そのように選挙妨害としか思えないものだったので、学会側は発刊前に著者の藤原との話し合いを行い、出版業務に携わる学会員が取次会社や書店を回って同書の取り扱いに配慮を求めるなどの抗議行動を起こしました。

佐藤　それが後に、「言論抑圧」「言論出版妨害」であると批判を浴びて、大騒動になるわけですね。

松岡　はい。その背景には、公明党の急速な躍進に対して政界が与野党を問わず危機感を抱き、「学会たたき」のネタを探していたことがありました。そのために、最初は共産党、次いで民社党や社会党も国会で取り上げるなど、大きな社会問題に発展してしまいました。その果てに、七〇年五月の創価学会本部総会で、池田会長が学会側の対応の真意を説明するとともに、一部の行き過ぎについては謝罪し、公明党と学会の制度的分離の徹底（党と学会の役職兼務の廃止など）を決定しました。

以上が「言論問題」の大まかな経緯ですが、私は、これは「言論出版妨害」というほど大げさな出来事ではなく、学会側の「要望」を著者側に伝えたにすぎないと思います。

佐藤　そもそも創価学会は民間団体であって国家機関ではないのですから、「言論弾圧」には当たらないでしょう。一民間団体が、自分たちに対する誹謗（ひぼう）中傷を書き連ねた書物が刊行されると予告されたとき、「やめてくれ」と要望を伝えることは間違いでしょうか？　私は間違いではないと思います。要望の中身について考えても、「隠していた悪事が暴露されると困るから、刊行しないでくれ」と言ったわけではないですよね。「事実ではない中傷をするのはやめてほしい」と、当然の要望をしただけです。

しかも、四十五年以上前ですから、書物の持つ重みが今よりも圧倒的に大きかった。その時代において、中吊りや新聞広告で「学会はナチスと同じだ」などと中傷されたら、一般の学会員さんが受けるショックと悲しみは大変深いわけです。だからこそ、学会本部はそういう事態を何とか避けようとした。それは宗教団体として何ら異常なことではなく、むしろ当然の行動だったと思います。

松岡　「学会がさまざまな組織的圧力をかけた」といわれていますが、それらの〝圧力〟が仮にすべて事実だったとしても、非合法なことは何一つしていないんですね。たとえば、書店や取次会社に対して、「この本を店頭に並べるなら、今後は学会系の書籍は扱えなくなるかもしれませんよ」というようなことを言った青年部員もいたとされています。それが事実であったとしても、物理的強制ではないのですから「良心的ボイコット」の範疇で、不当な圧力とは言えません。米国の公民権運動における「バス・ボイコット運動」[*2]のように、ボイコットはマイノリティーの非暴力闘争の重要な手段ですし……。

佐藤　そうですね。「民主書店」と呼ばれる日本共産党系書店には、公明

＊2 バス・ボイコット運動　一九五五年、アメリカ・モンゴメリーで市営バスに乗車し白人優先席に座っていたローザ・パークスが、運転手から席を空けるようにとの指示を拒否し、逮捕された。これに抗議した黒人がバスの乗車ボイコット運動を開始。公民権運動のきっかけの一つとなった。

党の出版物も聖教新聞社の本も置いていないと思いますが、要はそれと同じことでしかありません（笑）。

松岡　学会側が藤原弘達と行った話し合いについても、藤原は「脅されて」「買収工作を受けた」と主張していましたが、事実ではありませんでした。というのも、当の藤原が話し合いの模様を隠しマイクで録音しており、その全容が『週刊朝日』（一九七〇年三月二十日号）で報じられたのですが、それを読むと脅しや買収に当たる発言は皆無だからです。たとえば、話し合いに当たった秋谷栄之助総務（当時）は、「（藤原）先生がお書きになる自由について、われわれとしては制限を加えたり、それは言えないですよ……われわれもそんなことは絶対しません」と発言しています。要するに、学会は社会のルールに則って合法的に抗議と要望をしただけなのですから、「言論抑圧」などといわれる筋合いはないはずなのです。

「言論の暴力」の被害者は創価学会

松岡　一般には「言論出版妨害事件」として知られている「言論問題」は、実際には「要望」にすぎなかった……そのギャップが、この問題を考える大きなポイントです。そして、もう一つの重要なポイントは、言論問題において学会はむしろ「言論の暴力の被害者」であったのに、あたかも加害者であるかのように扱われてきたということです。

佐藤 問題の詳しい経緯も一般にはあまり知られていないし、今となっては大もとの藤原弘達の著書を読んだ人も少ない。そのため、「学会が組織的にひどいことをしたらしい」というマイナス・イメージだけが、ずっと独り歩きしてしまっているのでしょう。

松岡 そうですね。私はこの対談のために『創価学会を斬る』を再読しましたが、あらためてひどい本だと思いました。今なら「ヘイトスピーチ」(憎悪表現)と認定されてしかるべき内容です。何しろ、藤原は創価学会のことを、「日本全体を毒するバイキン」「グロテスクな怪獣」「メタンガス」「民主主義の『ドブさらい』」「狂信者の群れ」「ナチス」などと呼んでいるのですから……。

ヘイトスピーチは、民族的・宗教的マイノリティーに属する人々に対する言葉の暴力のことですね。在日韓国・朝鮮人に向けた「在特会」(在日特権を許さない市民の会)の侮辱的な言論が典型ですが、藤原の創価学会に対する言論も絵に描いたようなヘイトスピーチです。

佐藤　藤原弘達氏は明治大学の教授でもあったし、東大で丸山眞男(まさお)氏に師事した政治学博士でもありました。権威を持つ学者が、著書のなかでそんな罵詈雑言(ばりぞうごん)を並べているとは、読んでいない人には思いもよらなかったでしょうね。

松岡　藤原は、『創価学会を斬る』の約二十年後に刊行された別の著作では、さらにすさまじいヘイトスピーチ的言説を展開しています。学会について、「ウジ虫」「低劣で醜悪きわまる集団」「エイズ菌」などと表現しているのです。

佐藤　まあ、今でもインターネット上には創価学会に対するヘイトスピーチがあふれているわけですが、今の学会はそれらをいちいち相手にせず、放置していますね。藤原氏の本についても、今の学会なら放置したのではないでしょうか。あるいは、目に余るようなら、本が出た後で名誉毀損(きそん)訴訟を起こしたかもしれませんが……。

松岡　そういえば、藤原の本が国会で取り上げられたとき、当時の佐藤栄作首相は答弁のなかで、「(国会ではなく)裁判所で扱うべき問題ではないか」「現にこうして……本もある（刊行されている）ので、〝言論・頒布（はんぷ）の自由が全部抹殺された〟という言い方は、少しオーバー」と発言しています。これは客観的で冷静な見方だと思います。

佐藤　四十数年を経た今でも、「言論問題」によって学会と公明党に植えつけられたマイナス・イメージは尾を引いています。一例を挙げれば、私が『創価学会と平和主義』に書いた、「公明党と創価学会はお互いの距離を縮めるべきだ」という提言について、宗教学者の島田裕巳氏が批判してきました。「これ（提言）は、佐藤氏が一言もふれていない創価学会、公明党による『言論出版妨害事件』以降とってきた方針を180度転換させるものになる」（「アゴラ」二〇一四年十一月二十九日）と……。〝言論出版妨害事件の結果として学会・公明党は分離したのに、そのことをないがしろにするつもりか？〟という意味でしょうね。つまり、島田氏も「言論問題」について、学会・公明党が加害者だという認識に立っているわけです。そのように、問題の悪影響は現在も残っているのです。

その背景にあるのは、「宗教団体は政治に口を出すべきではない」という、日本に根強い極端なセキュラリズム（政教分離主義・世俗主義）だと思います。学会員にとっては、日蓮仏法の考え方が、政治・経済・社会・家族関係・教育など、すべての基礎になっています。本物の宗教とはそういうもので、信仰が人生の基礎になるのは当然といえます。

ところが、日本社会のセキュラリズムは、政治の領域についてだけは信仰を基礎にすることを許さないわけです。「ほかの分野はともかく、宗教団体は政治には口を出すな」と……。そういう気分が、知識人・マスコミ人を含む多くの日本人に共有されている。言論問題がいまだ学会攻撃に利用されているのは、そのためでもあるのです。だからこそ、公明党が「五十年史」のなかで「言論問題」のマイナス・イメージ克服に乗り出したことは、正しい方向性だと思います。

一度「戦術的退却」をし、二度目に勝利する

松岡　中身は低劣なヘイトスピーチにすぎなかった藤原弘達の著書が、学会・公明党を標的とした大々的なネガティブ・キャンペーンに利用された――「言論問題」とは、本質から見ればそういうことでした。言い換えれば、その背景には「政治権力による容認」があったわけです。

佐藤　そう思います。私には、（若き日の池田会長が無実の罪で逮捕された）「大阪事件」と「言論問題」はまったく同じ構図に見えます。宗教団体が攻撃されるときには、最高指導者が標的になるのが常です。藤原氏の著書が直接的には公明党解体を唱えていたとしても、背後の〝権力側の意思〟としては、最大の狙いは池田会長を打倒することにあったのだと思います。その意味では、日蓮正宗との訣別に至った宗門事件とも、本質的には同じ構図だったのです。

松岡　実際、「言論問題」が国会で取り上げられたときには、池田会長の国会証人喚問を要求する声も上がりました。もしそれが実現していたなら、それこそ国家権力による宗教弾圧だったと思います。

佐藤　池田会長のこれまでの歩みをずっと追っていくと、「一度は戦術的退却をするものの、態勢を立て直して二度目に勝利する」というパターンが繰り返されていることに気づきます。「大阪事件」においては、検察側の意をくんで一度は罪を認めるかのような供述をしたことが、戦術的退却に当たります。しかし、二度目の戦いである法廷闘争で、池田会長は見事に無罪を勝ち取りました。

宗門事件もしかりで、一度目の「第一次宗門事件[*3]」では、会長勇退という苦渋の選択をして戦術的退却をしました。しかし、第二次宗門事件では宗門に勝利する形で訣別を果たしたのです。

「言論問題」への対応もしかりです。池田会長はあのとき謝罪などせず、「われわれこそ言論の暴力の被害者だ」と主張して突っぱねることもできたでしょう。しかし、そうしなかった。学会批判の激しい嵐のなかでは、戦術的退却をせざるを得なかったのです。

松岡　いずれのケースも、池田会長による戦術的退却は正しい選択だったと思います。たとえば、一九七〇年代末の第一次宗門事件に際して、学会側は第二次のときのような言論戦を展開して徹底抗戦することもできましたでしょう。しかし、もしそれをやっていたら、学会は致命的ダメージを受けていた。第一次宗門事件に際しては、学会の一支部が丸ごと宗門側に行ってしまうようなケースもあったというのですから……。あのとき戦術的退却をしたからこそ、一九九〇年からの第二次宗門事件に勝利できたのです。

佐藤　そのあたりが、池田会長の組織運営の天才的なところですね。

*3 **第一次宗門事件**
一九七〇年代後半、創価学会が日蓮正宗からの独立をもくろんでいる、学会の教義は宗門から逸脱しているなどの批判が宗門内で広められ、対立が先鋭化。七九年四月、池田大作会長（当時）は事態の責任を取る形で会長職を辞し、名誉会長となった。

ところが「言論問題」については、四十数年前に戦術的退却をしたまま、明確な「二度目の勝利」はまだ訪れていません。創立者である池田会長のことすら公刊物にはっきり書けないような、「過度の政教分離」の状況がずっと続いてきたわけです。

しかし、そろそろ「言論問題」について、学会・公明党がきちんと決着をつけるべき時期が来ています。その意味で、「五十年史」の突っ込んだ言及は時宜を得たものです。今の公明党は、言論戦の面でもよく頑張っていると私は思います。

第7章

「折伏」と創価学会

「折伏大行進」が学会の土台を築いた

松岡　創価学会は、常に「折伏(しゃくぶく)の団体」であり続けてきました。「創価学会とは何か」を語るにあたって、折伏というテーマは避けて通れません。そこで今回は、さまざまな角度からあらためて折伏について考えてみたいと思います。

佐藤　ぜひ、いろいろ教えてください。

松岡　創価学会の折伏については、外から見た場合、ネガティブなイメージが強いと思います。特に、戸田城聖第二代会長時代の一九五〇年代初頭から始まった「折伏大行進」について、「押し売りのような強引な信者勧誘」というイメージを抱き、それをずっと引きずっている人も多いでしょう。私自身、知人から「創価学会は折伏さえしなければいい団体なのに」とか（笑）、「平和・文化・教育の面に力を入れて、折伏はもうやめればいいのに」などと言われたことがあります。そのような折伏に関する誤解を、この語らいを通じて解いていきたいと思います。

佐藤　私は、仮に戸田会長時代の「折伏大行進」に若干の行き過ぎがあったとしても、それはそれで当然のことと思います。一つの宗教が世に広まっていく初動の段階においては、行き過ぎがあるのは不可避だからです。それは「この宗教は絶対に正しい」という確信に基づく宗教的エネルギーの爆発が必然的に生み出すものであって、むしろ行き過ぎがあってこそ「本物の宗教」なのです。最初から行き過ぎがまったくない教団が仮にあったとすれば、それはおそらく何もやっていない（布教活動をしていない）教団でしょう。

松岡　確かに、教団の草創期というのはとかく純粋さが先立つもので、宗教としての「核」が出来上がるまでは、外から見ると排他的に見えてしまいますね。学会に限らず、あらゆる大教団がそうした過程を経てきています。

佐藤　草創期にありがちな行き過ぎをもって、その宗教を全否定してしまうのは間違いです。それに、戸田会長時代の「折伏大行進」があったからこそ現在の学会の隆盛もあるのです。その後、社会とのあつれきを経験して、折伏の行き過ぎについては是正されたのですから、もはや問題はありません。初動段階の行き過ぎが是正されない宗教団体は、生き残れずに自然消滅していくだけのことです。

川の流れが最初の急流からやがてゆるやかな流れに変わっていくように、創価学会の折伏のありようも時代に応じて変わってきたのだと思います。ただ、「学会が折伏をやめる」というのはちょっと考えられないですね。キリスト教だって、「福音宣教」（全世界にイエス・キリストの福音を宣べ伝えること）を決して捨てないわけですしね。布教を捨てる宗教団体なんて、宗教としてあり得ません。

仮に創価学会が折伏をやめて、「自分たちの子や孫に信仰を継承させることだけを考え、これからはこぢんまりとやっていこう」と方向転換したとします。そうなった場合、急激な縮小再生産に見舞われると同時に、「隠れキリシタン」のような存在になってしまうでしょう。隠れキリシタンの末裔の人々は、「マリア観音[*1]」を拝んでいたりして、もともとのキリスト教とは似ても似つかぬものに変容しています。そのように、社会に対して窓を閉ざすと、宗教はどんどんズレていってしまうのです。

松岡　折伏は創価学会にとって生命線ですから、今後もその点は揺るがないと思います。

折伏とは正法誹謗への「抵抗の論理」

佐藤　私も含めた外部の人間は、仏教というと、釈尊の仏教――原始仏典を起点としてとらえがちです。しかし、創価学会を論ずるにあたって、原始仏典を起点として考えたらあまりに遠すぎると思うんです。それはたとえば、キリスト教を知るために『旧約聖書』の「創世記」から読んでしまうようなものです。キリスト教を知るためには、『新約聖書』の「マタイの福音書」から読まないといけない。

＊1 マリア観音　江戸時代、隠れキリシタンが聖母マリアに擬して崇拝の対象とした観音像。隠れキリシタンの一部は、明治時代に禁教政策が解かれた後もカトリック教会に戻らず、長年の潜伏信仰により仏教や神道の影響を受け変容した信仰様式を維持した。

それと同じで、創価学会について論ずるためには、やはり日蓮仏法を起点として考えないといけないと思うのです。折伏についてもしかりで、日蓮が折伏をどうとらえていたか、そして、それを創価学会が正しく継承しているかどうかを考えないといけないでしょうね。

松岡　なるほど……結論から読むやり方とも言えますね。「折伏」とはもともとは「勝鬘経（しょうまんぎょう）」という大乗経典[*2]に出てくる言葉で、「摂受（しょうじゅ）」と対になった衆生教化（しゅじょうきょうけ）の二つの方法を指します。「折伏」が相手の間違いを正して自分の主張を断言していく教化方法であるのに対して、「摂受」は何も知らない相手とソフトに対話しつつ、少しずつ正法に導いていく教化方法です。日蓮在世の日本には仏の教えを否定する誤った教えが蔓延（まんえん）していました。日蓮はそれに対する抵抗として折伏を繰り広げていったのです。

日蓮にとっての「正法」（正しい仏の教え）である『法華経』を誹謗（ひぼう）し軽んずる宗派が、鎌倉時代には勢力を拡大していました。たとえば、法然は「法華経などの教えは程度が高すぎて、民衆の成仏につながらないから投げ捨てよ」と、〝ほめ殺し〟的に否定しました。空海は宗教を十段階に分類して優劣をつけ、「いちばん高い教えは真言密教、次が華厳経であり、

*2 **大乗経典**　大乗の教えを説く経典。大乗とは大きな乗り物の意で、衆生を迷いから悟りの境涯へと運ぶ広大で優れた仏の教えをいう。

法華経は二重に劣っている」と誹謗しました。また、禅の臨済宗は「教外別伝・不立文字」という教えを打ち出すことによって、経典そのものを軽視していました。そのような各宗派の『法華経』誹謗・軽視に、反論の論陣を張ったのが日蓮であったわけです。

佐藤　なるほど。

松岡　つまり、日蓮の折伏は、正法を誹謗された被害者の立場から反論した「抵抗の論理」なのです。にもかかわらず、一般には日蓮の折伏は他宗に対する「攻撃の論理」と誤解されてきました。また、「日蓮は排他的である」とも誤解されてきましたが、実際にはむしろ、『法華経』を排斥する他宗派の排他主義に抗する闘いでもあったのです。

佐藤　キリスト教に引き寄せて考えると、それは異端——同じキリスト教の異なる教義を持つ一派に対して行われる「論争学」に近いですね。キリスト教のなかにもさまざまなドクトリン（基本原則）があって、一つのドクトリンに固執し、『聖書』のなかの特殊な部分だけを強調すると、そのことによってほかの大事な部分が貶められてしまうケースがあります。あるいは、神秘主義によくあるのですが、「過度に精緻な神学からは何も生まれてこない。だから一切の文字や論理を超えたところで、ただ瞑想することが正しい」という主張から生まれる特殊なドクトリンもあります。

松岡　まるで禅宗の不立文字ですね。

佐藤　ええ。仏教にもキリスト教にも、長い歴史のなかにはよく似たことがたくさんあるわけです。

松岡　それと、日蓮は「摂受」という教化方法を否定していたわけではありません。「無智・悪人の国土に充満の時は摂受を前とす」と「開目抄」にあるとおり、仏法を何も知らない人々に対しては「摂受」で教化していくべきだと考えていました。現在のＳＧＩ（創価学会インタナショナル）は、まさにその日蓮の考え方に則って世界広布を推進しています。

たとえば、西欧諸国やアフリカ諸国で弘教を進めていく場合、相手の人々は仏法自体をほとんど何も知らないわけですから、「あんたたちのやっている土着の宗教は間違っている」と頭ごなしに否定するのは愚の骨頂です。そういう場合には、根本は折伏ですが、相手が理解しやすいような形で、「摂受」のスタイルで法を説いていけばよいとするのです。

佐藤　カトリックのイエズス会[*3]がインドで宣教するにあたっては、「イエ

＊3 イエズス会　カトリック教会の修道会（信徒の組織）で、宣教活動、教育を重視する。一五三四年創設。日本にキリスト教を伝えたフランシスコ・ザビエルもイエズス会員。

ス・キリストは馬小屋で生まれた」という聖書の設定を変えました。キリストは高貴な家柄に生まれたという設定にしたのです。カースト制が残るインドでは、「キリストが馬小屋で生まれた」という設定にすると、その後の宣教に支障をきたすと判断したわけです。そのような、布教先の文化土壌に合わせた柔軟な対応は、世界宗教を目指すために不可欠でしょう。

仏教のなかにも、一つの国・地域にとどまる「閉じた仏教」と、世界宗教を目指すエキュメニカル（世界主義的）な「開かれた仏教」があると思います。創価学会はまさに後者であるわけで、世界広宣流布を目指すために国ごとのやり方を緻密に練り上げているのでしょう。

松岡 まさに私は、宗門（日蓮正宗）という「閉じた仏教」と、SGIという「開かれた仏教」の両方を、身をもって体験してきました（笑）。両者は、海外布教のありようもまったく違います。宗門は海外でも日本と同じように塔婆を立てさせ、同じように葬儀をさせ、日本のやり方を海外にそのまま持ち込んでいました。文化土壌の違いなどお構いなしです。一方、各国のSGI組織は、私も僧侶としていくつかの国に行かせていただきましたが、現地の地域社会に完全に溶け込んでいます。

佐藤　宗門側に言わせれば、それは学会の迎合であり過度の習合だということになるのかもしれません。しかしそれを言うなら、僧侶が背広とズボンを着ることも、話や文章のなかで西洋哲学の言葉を引用することも、ある種の習合ですからね（笑）。

松岡　確かに、日蓮仏法でも儒教の「孝」の思想などを取り入れていますし、過去の哲学やほかの宗教にまったく影響されない一〇〇パーセントオリジナルな宗教というのはあり得ないでしょうね。

佐藤　それから、創価学会が「開かれた宗教」であることの一つの証左として、私は学会の会則に退会規定があることを挙げたいと思います。会則の第七十五条にある、「会員は、退会または除名により、その地位を喪失する」との一節のことです。会則は学会の公式サイト（「SOKAnet」）で読むことができますが、この一節を読んだときには驚きました。

松岡　ほかの宗教には、退会規定に類するものはないのですか？

佐藤　おそらくないでしょう。たとえばキリスト教各派には、「信徒がキリスト教徒でなくなる日」を想定した規定はないし、そもそものような想定自体がないと思います。もちろん、勝手に脱落していく信徒はいるわけですが……。イスラム教も同様でしょう。学会の会則に〝退会規定〟があることは、ある意味で画期的です（笑）。

松岡　学会のなかの人間は、それが画期的であることに気づかないですね（笑）。

折伏をめぐる世間の誤解と邪推

佐藤　戸田会長時代の「折伏大行進」から、もう六十年くらいたっているわけですね。その間に、学会の折伏に対するネガティブなイメージも薄れて、昨今ではある種の「都市伝説」になっているのではないでしょうか。「どこそこのおじいちゃんは、昔創価学会に神棚を燃やされたらしい」とか（笑）、根拠のあいまいなウワサだけが語り継がれているのでは？

松岡　まあ、そういう面もあるでしょう。「学会員は葬式の香典を持って行ってしまう」という与太話（よたばなし）も、今でさえ一部に信じている人がいるようですしね。あの話については〝折伏大行進に危機感を抱いた既成仏教側が、学会のイメージダウンを狙って意図的に流した〟とか、いろいろな説があります。

佐藤　それについて、こういう解釈はどうでしょう。学会員の皆さんは親切で、同じ地域の会員の葬儀の手伝いをボランティアでしてくれますよね。受付をしたり、駐車場の車の誘導役を買って出たり。そうした姿が、会員ではない参列者の邪推を招いた面があるのではないですか？　「この人たち、親戚でもないのにどうして葬式の手伝いをしているのだろう？　もしかしたら香典を盗むためではないか」と……。見返りを求めず善意で行うことが信じられず、「何か裏があるに違いない」と邪推してしまう人たちも、世の中にはいますからね。

松岡　ああ、それはあるかもしれません。一種の性悪説というか。

佐藤　今でも、「創価学会は有識者を買収している。巨額の原稿料や講演料をエサに、学会礼賛の言論活動をするように仕向けている」というデマを言う人たちがいますね。自分が金で転ぶ人間だからこそ、ほかの人間も「金で転んだに違いない」と邪推するわけですが、香典うんぬんもそれと同じ構図ではないでしょうか。

松岡　その種の創価学会をめぐる誤解はたくさんあって、折伏をめぐる誤解はその最たるものです。その背景には、学会の躍進に対して既成仏教各派が「創価学会包囲網」を敷いたことがありました。象徴的なのは、公明党結党翌年（一九六五年）の八月に行われた「全日仏（全日本仏教会）」の「全日本仏教徒会議」で、創価学会対策が協議されたという事実です。全日仏は、天台宗・真言宗・浄土宗・浄土真宗・臨済宗・曹洞宗・日蓮宗など、日本の全仏教界が加盟する団体です。その協議のなかで掲げられた「対策」のなかには、「各教団の長および地域仏教会長は〝邪教撲滅〟の厳然たる指令を発すること」「時期をみて国会および政府へ請願する」などがありました。

つまり、既成の仏教界は、「学会が自分たちの信者を折伏して奪った」という強烈な被害者意識を持っていたわけです。しかし学会側から見れば、折伏大行進は単なる信者勧誘ではなく、仏教界の乱れを正し、人々を正法に帰依（きえ）させようとした「仏教改革運動」でした。日蓮が鎌倉時代に行った「謗法（ほうぼう）（正法を誹謗すること）への抵抗の論理」としての折伏と、本質的には同じだったのです。

佐藤　わかります。

折伏は、人を救い、自分をも救う行為

松岡　それにしても、半世紀前の既成仏教界が抱いた学会に対する被害者意識というのも、考えてみればおかしな話ですよね。自分たちの宗教的正当性に自信があるなら、「信教の自由」という同じ土俵で信徒を増やす努力、減らさない努力をすればよいだけなのに、「うちの寺に墓がある檀徒を奪われた」と、あたかも学会が「所有権の侵害」をしたかのように（笑）言いつのっていたわけですから。

佐藤　そういえば、宗門と学会の一連の論争を見て驚いたのですが、宗門は本山の大御本尊について、所有権概念で理解していますね。

松岡　そうですね。仏教は本来「無所有」の思想であるにもかかわらず……。

佐藤　宗門は、法主が絶対的権力者として君臨するなど、前近代的な封建社会という側面もありますが、実は一面では非常に近代主義的、モダンなのですね（笑）。世俗の論理、近代主義、資本主義の論理に染まりきっているのですから。

もちろん、資本主義社会の宗教団体である以上、資本主義のルールに則って運営されるのは当然です。しかし、大御本尊のような宗教性の「核」の部分にまで資本主義の論理が侵食していくのは、いかがなものかと思いますね。身延に行くと土産物店で日蓮の御本尊を売っているそうですが、宗門が大御本尊に所有権概念を持ち込むのも、資本主義の論理に宗教性を侵食されているという点では同じではないでしょうか。

松岡 私たちも、資本主義の論理に侵食されないように気をつけないといけませんね。もちろん、学会は資本主義社会における世俗的成功を否定してはいませんが、何のためにその成功を求めるのかという一点を忘れてはいけない。「広布のため」という思いが根底にないと……。「広布のため」ということは、すなわち「人類のため」ということですが。

佐藤 わかります。学会員の皆さんは、「池田先生にお応えするために」ということをよく言われますね。それは、学会を貫いている「師弟」の概念が、自分と「超越的なもの」を結ぶ回路の役割を担っているということだと思います。われわれキリスト教徒は祈りに際して、「この祈りをイエス・キリストの御名を通して、御前にお捧げいたします」と言いますが、これも本質的には同じで、キリストの名を通じてしかわれわれは神と向き合うことができないのです。言い換えれば、学会が師弟の絆（きずな）に貫かれている限り、その宗教性の「核」が資本主義の論理に侵食される心配はないと私は思います。

松岡　キリストの名を通じて祈るとしても、そこに信徒自身の救いもあるわけですね？

佐藤　もちろんです。自分自身の救いのための祈りでもあります。その意味では利他と利己の境界は超克されています。

松岡　そこがむしろ重要です。戸田第二代会長が、「折伏は人を救う行為であるが、人を救うことによって自分自身も救われていくんだ」という趣旨の指導をしたことがあります。それと通じますね。

佐藤　キリスト教にも、「汝（なんじ）自身を愛するように汝の隣人を愛せ」という名高い言葉があります。つまり、自己愛を否定しているわけではないのです。そもそも、自分を愛せない人間には他人も愛せません。博愛といっても、自分の幸せが前提になっていない博愛は絵空事、理想論でしかない。この地上で自分の幸せを追求するのは当然のことです。自分の幸せを否定して博愛を説くような教えなら、それは「ストア哲学[*4]」のようなものにとどまってしまい、世界宗教にはならないでしょう。自分の幸せの追求を、人類の幸福の追求に結びつけていくのが世界宗教です。

その意味で、「人を救うことによって自分自身も救われていく」という志向性を持つ創価学会も、世界宗教にふさわしいと思います。

折伏とは「相手への最高の敬意の表明」

松岡　創価学会の折伏については、「相手を論破すること」だというイメージがあると思います。もちろん、相手の誤りを正して言い切っていく教化方法ではあるのですが、論敵を論破するような攻撃的行為とは次元が異なります。折伏とは「万人のなかの仏性(ぶっしょう)を敬う」行為にほかならないからです。

佐藤　論破することで相手より優位に立とうとするのとは、実は反対なのですね。

松岡　ええ。『法華経』の「常不軽菩薩品(じょうふきょうぼさつほん)」に、「不軽菩薩」という菩薩が登場します。釈尊の過去世の姿の一つとして説かれているものですが、

＊4　**ストア哲学**　紀元前三〇〇年ごろ、キプロスのゼノンが創始したギリシャ哲学の一派。学問を論理学、自然学、倫理学で構築し、特に倫理学を重視した。

日蓮は「法華経の修行の肝心は不軽品にて候なり」（「崇峻天皇御書」）と、不軽菩薩の実践を折伏の模範としてとらえています。

どういう実践かというと、不軽菩薩は経を唱える代わりに、「私はあなたを尊敬します。なぜなら、あなたは菩薩道を行ずることで仏になれる人だからです」という言葉とともに、すべての人を礼拝し続けていった（礼拝行）のです。

佐藤　なるほど。それが折伏の模範であるとしたら、相手を敬う心こそが根底にないといけないことになりますね。

松岡　はい。相手を敬い、幸福を祈ることこそが折伏の根幹であって、論破して相手の優位に立とうとするような心は、実は折伏精神の対極にあるんです。この対談で以前、佐藤さんが路上で学会の見知らぬ婦人部員から声をかけられたという話が出ましたね（第五章参照）。

佐藤　「あんた、いい本書いたねえ。きっと幸せになるからね」と言われた話ですね。

松岡　私はあの話を聞いたとき、反射的に不軽菩薩を思い出しました。不軽は出会った見知らぬ人を次々と礼拝していったわけですが、道で会った初対面の佐藤さんにいきなり敬意を表明し、幸せを願う行為は、広い意味で言えば折伏そのものです。

佐藤 そうか。あのとき私は折伏されていたんだ（笑）。

折伏の根底にある生命そのものへの畏敬

松岡 不軽菩薩はすべての衆生を深く敬いました。それは「相手が極悪人であっても尊敬しろ」というのではなく、「極悪人であっても生命の奥底には仏界があるのだから、その仏界によって相手が変わることを信じる」ということだと思います。

佐藤 わかります。つまり、生命そのものに対する畏敬ということですね。

松岡 ええ。前に佐藤さんは、「汝自身を愛するように汝の隣人を愛せ」という『聖書』の言葉を引かれ、「自分を愛せる人間だからこそ、他人も愛せるのです」と言われました。その言葉を聞いて、私は原始仏典の『ダンマパダ（法句経）』の一節を思い出したんです。それは、「すべての生き物にとって生命は愛しい。（他人を）自分の身にひきあてて、殺してはならない。殺させてはならない」という言葉です。まさに、「自分の命を重んじることが、他者の命を重んずることに直結している」との教えと言えます。

佐藤　そのことを、逆に考えてみましょう。「命を軽視する危険思想はどこから生まれるか?」ということです。革命運動やファナティック（狂信的）な宗教運動からは、ときとして大量殺人が起こります。それは、ある一つの思想――共産主義やナショナリズムなどに、自分を丸ごと捧げてしまうことが発端となります。「俺は革命のためなら命を捨てられる」と言うような人の集団が、大量殺人を引き起こすわけです。

「大義のために、自分の命を投げ出す」というと、何だかカッコよく思えるかもしれません。しかし私は、「捨て身」とか「命を投げ出す」ということを美化するのは危険だと思います。なぜなら、自分の命を捨てられるような人は、他人の命を奪うことに対するハードルがものすごく低くなってしまうからです。

松岡　日蓮は、その生涯で何度も命を奪われそうになる大難に遭っています。しかし、「捨て身」であったかといえば、そうではない。敵に草庵を襲撃されたときにはそこから逃げたし、弘法のために自分の命を守ろうとする智慧（ちえ）を働かせ、細心の注意を払ってもいました。そのうえで、「竜の口の法難[*5]」で斬首されそうになったときには、泰然として死を覚悟するわけです。

佐藤　つまり、殉教を美化するような視点は、日蓮仏法にはないということですね。

松岡　ええ。先ほど挙げた不軽菩薩の場合も、礼拝行を行っていると人々から石を投げられたり、棒で殴られたりする難に遭ったということが、『法華経』には書かれています。そういう場合に不軽はどうしたかといえば、逃げるんですね。そして、石や棒が届かないところまで逃げてから、もう一度「私はあなたを尊敬します」という言葉を繰り返す。捨て身にはならず、智慧を働かせて自分の命も大切にしたわけです。

佐藤　よくわかります。自分の命を大切にする人だからこそ、他者の命も大切に思えるのですからね。

松岡　先ほど佐藤さんが言われたとおり、大量殺人を引き起こすような狂信的宗教の根底には、生命軽視、特に敵対者の生命軽視があります。危険な宗教かそうでないかは、「敵対者を尊重できるかどうか」を見ればわかります。キリスト教にも「汝の敵を愛せよ」という名高い言葉がありますす

***5 竜の口の法難**　文永八（一二七一）年九月十二日、日蓮が鎌倉の竜の口で斬首刑に処せられようとした法難。日蓮と敵対する他宗の高僧が、幕府要人にとりいって種々画策したことが発端だった。日蓮は逮捕され、夜半に処刑場へ連行されたが、刑吏が首を斬ろうとしたとき、江の島のほうから巨大な光り物が現れ、驚いた武士たちが逃げ出し、ついに処刑は行われなかったとされる。

が、折伏も「敵対者のなかに仏性がある」ととらえて行うものですから、「他者への敬意に基づく人間愛の実践」なのです。

池田会長の宗教間対話も広義の折伏である

佐藤　「敵対者をも仏と見なして尊重することが折伏の根本精神だ」という今のお話から、私が思い出したのは、池田SGI会長が旧ソ連のコスイギン首相や中国の周恩来総理のような、共産主義国のトップたちと対話を重ねてきたことです。歴史家のトインビーが喝破したとおり、共産主義も一種の宗教であるわけで、「共産主義という宗教を信じている人たち」との対話は、ある意味で宗教間対話であり、さらに言えば広義の折伏でもあったわけですね。

原理主義的で危険な宗教は、異教徒は殺しても構わないと考えてしまいます。対照的に、池田会長はイスラム教徒やキリスト教徒、共産主義者など、異なる宗教を信じている人たちとも深い友情を結ぶことができる。この違いは非常に大きいと思います。

松岡　それは、創価学会が生命の尊厳を至上のものとする、「生命教」ともいうべき教団であるからだと思います。あらゆる宗教も生命が生み出したものですから、そこには仏法と相通ずる部分が、必ずどこかにある。だからこそ、「生命教」たる創価学会は、他宗教との橋渡しになっていける――大要そのような考え方によって、池田会長の代になってから、学会は宗教間対話をずっと続けてきたわけです。

佐藤 なるほど。生命の尊厳を根底に据えているからこそ、学会はイデオロギーという名の宗教――共産主義を持つ国との併存体制もつくれたわけですね。

松岡 ええ。池田会長が初めてソ連を訪問したとき、「宗教否定のイデオロギーを持つ国に、なぜ宗教者のあなたが行くのですか?」と質問され、「そこに人間がいるからです」と答えたという有名なエピソードがあります。そこには、「いかなる宗教・イデオロギーも生命が生み出したものである以上、必ず通じ合える部分がある」という意味合いが込められていたのではないかと思います。

佐藤 ある意味でいちばん手ごわい共産主義国との対話を重ねてきた池田会長にとって、他宗教との対話は、何も怖いことなどないのかもしれませんね。

松岡　宗教に対して閉ざされた国であった共産主義国の、扉をこじ開けたという言い方もできますね。

佐藤　これは前にも一度述べましたが、ゴルバチョフがソ連に「信教の自由」をもたらした背景には、ソ連と創価学会との長年にわたる交流、そしてゴルバチョフと池田会長の交友があったと私は見ています。かたくなであったソ連の最高指導者たちの心を解きほぐし、「宗教に対する門戸を開けなければいけない時代に入っている」と痛感させたのは、池田会長が重ねてきた対話だったのです。ソ連共産党の〝奥の院〟にまで入り得た宗教団体は、創価学会以外にはおそらくないと思います。

松岡　それはやはり、池田会長の対話が、イデオロギーという次元ではなく、生命の次元での対話になっているからこそだと思います。たとえば、池田会長がゴルバチョフやログノフ（モスクワ大学前総長）のようなソ連のＶＩＰと対話するときにも、奥さまの話やお母さまの話、家族の話などからスーッと入っていきます。それも、一個の人間同士、生命と生命の対話になっていることを端的に示しています。

佐藤　池田会長にとっては、ソ連の指導者たちとの対話は、まさに一国を相手取った折伏でもあったと思います。その広義の折伏によって、ソ連という閉ざされた国が宗教に門戸を開いた。今のロシアもいろいろな問題は抱えていますし、ソ連崩壊後に乱立したさまざまな宗教のなかには問題あるものもあります。それでも、共産主義イデオロギーのくびきから解き放たれ、「信教の自由」がもたらされたことは、ロシアの人々にとってよい変化であった。その変化に、創価学会と池田会長は大きな影響を与えたのです。

松岡　そうですね。

佐藤　私は月刊誌『潮』で、池田会長とトインビーとの対談『二十一世紀への対話』を読み解く連載をしました。連載にあたって対談をじっくり読み込んでいったわけですが、そのなかで私が気づいたのは、池田会長が最初から最後まで変わらないのに対して、トインビーは対談を通じて少しずつ考え方が変化していった、ということです。私はその変化の様子を見て、「あ、折伏のプロセスというのはこういうことなのか」と思ったんですね。「二十世紀最大の歴史家」とも呼ばれたトインビーに、はるか年少の池田会長が、広い意味での仏法対話を試み、考え方を変えていった対談だと思います。

あの対談はトインビーにとっては晩年に行われたものですが、おそらく彼は、仏法者である池田会長との対話を通じて、何か「人生の着地点」のようなものを探していたような気がします。その着地点は、それまでの人生では見つからなかったのでしょうね。

松岡 私が見るところ、トインビー博士は大乗仏教に対して自己犠牲の宗教であるとの見方が強かったのだけれど、池田会長との対談を通じて極端を排した中道的な視点に開眼したように思います。

佐藤 池田会長がトインビーやゴルバチョフ、その他たくさんの海外の指導者・識者たちと対話をするにあたって、相手を創価学会／ＳＧＩに入会させることを目指しているとは思えません。その意味では狭義の折伏ではないわけですが、広い意味で言うなら、積み重ねてきた宗教間対話、文明間対話は折伏でもあったのだと思います。

勇気を持って前へ踏み出せば慈悲が湧いてくる

松岡　さて、（対談が連載された）『第三文明』は創価学会の青年部員の読者が多いので、青年部が友人を折伏するにあたってのアドバイスを、佐藤さんからいただければと思うのですが……。

佐藤　学会青年部の皆さんは総じて真面目（まじめ）ですよね。ただ、真面目であるがゆえに、ときにちょっと遠慮しすぎてしまう面があるのではないでしょうか。あとは、創価学会／ＳＧＩがこれほど世界に広がって、巨大な力を持っているのに、なかにいる人たちがその力を過小評価してしまう面があるように感じます。私が「今の創価学会の問題点はなんですか？」と質問されたときによく言うのは、「学会員の皆さんが、自分たちの能力を過小評価している点が問題です」ということです。

宗教団体にとって、自己の能力の過大評価はもちろん危険ですが、過小評価もやはり危険なのです。なぜ危険かというと、巨大な力を持つがゆえに、創価学会が何かをしない不作為が、社会にも大きな影響を与えてしまうからです。「折伏の団体」である創価学会のメンバーたちが、変に遠慮して折伏をしないことも、やはり一つの不作為です。その不作為の集積が、創価学会の力を弱くしてしまう。そうすると、日本も弱くなるし、世界も弱くなってしまうわけです。創価学会は今それくらい社会への影響力を持っているということに、もう少し自覚的になったほうがいいと思います。

松岡　そうした「遠慮」の遠因になっているのが、前回話した「言論問題」のダメージでしょうね。

佐藤　それも一要因と思います。ともあれ、青年部の皆さんには、もっと自信を持って、変な遠慮はしないで折伏を頑張ってほしいと思います。そのためには、『人間革命』『新・人間革命』をはじめとした池田会長の著作を、しっかりと読み、学ぶことですよ。

今の若い世代は、池田会長と直接お会いする機会が一度もない人が多いのだと思います。でも、そのことは別に問題にならないと思いますね。池田会長も、牧口初代会長とは会っていないにもかかわらず、初代会長の思想をしっかりと受け継いでいるわけですしね。キリスト教の基礎をつくり上げたパウロだって、イエスとは直接会っていません。イエスと会ったことがないパウロが、どのようにして教えを継承し、キリスト教の土台をつくり上げていったのか——それを学んでみると、皆さんの参考になる部分も多いかもしれません。

松岡 なるほど。私は学者として思うのですが、直接知らない相手の文献を研究したほうが、虚心坦懐（きょしんたんかい）に学べてよい面もありますね。下手に直接知っている相手の本だと、先入観が目を曇らせるところがある。ですから、池田会長と直接会う機会があまりない今の青年部のほうが、逆に会長の著作を素直に学べる面もあるような気がします。

佐藤 ああ、それはあるかもしれません。

松岡 話を戻すと、折伏とは「相手への最高の敬意の表明」だと言いましたが、最初はなかなかその敬意が湧いてこない場合もあると思います。

むしろ最初は、組織で折伏を推進する打ち出しがあったから、半ば義務的に折伏に挑戦してみる場合も多いでしょう。いわば「形から入る」パターンですよね。

佐藤 キリスト教の場合でも「形から入る」ことはありますよね。教会で祈ってみる、礼拝に出てみるという形から入って、やっていくうちにだんだん信仰の実質が備わってくる。だから、「形から入る」ことはあっていいのだと思います。

松岡　「相手への最高の敬意」を「慈悲」と言い換えてもいいと思いますが、戸田第二代会長は、「われわれは凡夫だから、なかなか慈悲は持てないものである。この慈悲に代わるのが勇気だ」と指導しました。つまり、すぐには慈悲の心が持てなくても、勇気を持って折伏に挑んでいくうちに慈悲が湧いてくるというのです。これは、折伏をやったことのある人なら思い当たるところです。最初は成果を出したくて折伏に取り組んでいたとしても、唱題を重ねていくうち、相手の幸せを心から祈れるようになっていく。慈悲が湧いてくるのです。そして、そのような一念の転換が起きたとき、往々にして思いが相手に通じる。

佐藤　わかります。私はキリスト教徒として、創価学会が折伏に邁進している姿をうらやましいと思う面があります。というのも、日本のキリスト教徒には、宣教にあまり積極的になれない面があるからです。

松岡　日本のキリスト教徒だけが、ですか?

佐藤　ええ。というのも、ヨーロッパ諸国が世界に植民地支配を広げていく道具としてキリスト教が利用された面があって、キリスト教は植民地主義と結びついているからです。だから、「日本人であって、キリスト教徒である」ことには複雑な難しさがあって、宣教に消極的になってしまう面があるのです。つまり、宣教をすることと、植民地に欧米のキリスト教文化を押し付けることの境界があいまいになっている。だから、(教会の扉を)ノックしてきた人は信仰に導くけれど、自分から積極的に宣教はしないという傾向が、少なくとも日本基督教団に関しては強いですね。

しかも、日本のキリスト教には、先の戦争でかなり積極的に戦争協力をしてしまったという暗い過去があります。ある意味で、戦時中はいちばん宣教に熱心だったのです。当時の国策に過剰に迎合してしまったことへの反省が日本のキリスト教には痛切にあって、そのことも宣教に消極的になっている一因です。

そういう面があるので、創価学会の皆さんが生き生きと折伏をしている姿はうらやましいですし、青年部の皆さんには頑張って折伏してほしいですね。

松岡 その言葉に目を開かされる読者も多いと思います。ありがとうございました。

第8章

三代会長を語る

「師弟」のなかにこそ、生きた信仰が流れ通う

松岡 ここからは、創価学会の三代会長――牧口常三郎初代会長・戸田城聖第二代会長・池田大作第三代会長――に焦点を絞って語らいを進めてまいりたいと思います。

佐藤 わかりました。安保法制をめぐる議論が佳境に入っている今(対談時、二〇一五年九月)、三代会長についてあらためて論ずることは時宜にか

なっています。三代会長はそれぞれの時代にあって平和のために闘ってこられたわけですから、その闘いを見直してみることは、今こそ大切だと思います。

松岡　創価学会が宗門（日蓮正宗）と訣別（けつべつ）する以前には特に、信仰対象として仏なり法なりがあって、三代会長は信仰の「指導者」である、という位置づけがなされていました。もちろん、「指導者」ではあるのです。ただ本来、生きた仏法というものは、生きている師のなかに超越性——すなわち仏を見て、自らも仏を目指すという「師弟不二」の信仰に立ちます。つまり、三代会長を単に「指導者」としてのみとらえてしまうと、大切な何かがこぼれ落ちてしまう気がします。

佐藤　わかります。次元が異なるかもしれませんが、キリスト教にも「師弟」を重んじる面があります。たとえば、われわれキリスト教徒にとっては、どの牧師からいつ洗礼を受けたかということは重要で、所属教会を移動したりしても、洗礼を授けた牧師はずっと「師」でもあるんですね。

松岡　信仰において、ただ単に法や教義を学べばよいというのは抽象論であって、真の信仰は生身の人間のなかにこそ躍動しているものです。それを師の姿を通じてつかみとることが、『法華経』における信仰のありようだと私は思うんです。

佐藤　私は、池田会長と歴史家トインビーの対談を読み解いた『地球時代の哲学』（潮出版社）のなかで、「創価学会には、真実の宗教性がある。この宗教性は、池田大作創価学会名誉会長という一人の人間の人格に体現されている」と書きました。それはまさに、今松岡さんが言われたことを別の形で言い換えた言葉とも言えます。これまでも繰り返し述べてきたことですが、創価学会の信仰と池田会長という人格は分かち難く結びついていて、分離して論ずることはできません。池田会長、ひいては三代会長を理解せずに、創価学会を理解することは不可能なんです。

松岡　そのことを、「『師弟』が理解できなければ、創価学会は理解できない」と言い換えることもできそうですね。

佐藤　そうですね。池田会長の大学講演を読み解く連載（月刊『潮』「新時代への創造」）のなかで、「歴史と人物――迫害と人生」と題する講演を取り上げました。一九八一年十月三十一日に創価大学で行われた講演ですが、あれを読むと、師弟関係の重要性がひしひしと伝わってきます。歴史上の偉人たちが迫害を糧に前進していった姿を通して、池田会長は創価大学生たちに訴えかけているのです。

松岡　実は私も、あの日の講演を生で聴いています。当時、創価大学の二年生だったのです。

佐藤　そうでしたか。あのとき、七九年に勃発した第一次宗門事件の余波がまだ続いていて、池田会長は困難な状況に置かれていました。宗門によって、「池田名誉会長を『先生』と呼んではならない。『聖教新聞』に出してはならない」などという圧力が加えられていた時期であった。つまり、池田会長自身が迫害のさなかにあった時期に、「迫害と人生」という講演が行われたのですね。そうした背景を考えると、重い意義を持つ講演だったと感じます。

松岡　学生だった私には、その深い意義までは理解できませんでした。ただ、司馬遷、ガンディーなどの歴史上の偉人たちがいかに迫害を乗り越えていったかを語った講演内容は、強く心に残りました。

佐藤　私は特に、吉田松陰に言及したくだりで、師弟関係の重要性が強調されている点に目を惹かれました。松陰が非業の死を遂げたあと、その思想が弟子たちに継承され、明治維新の原動力となったように、迫害を乗り越えるには正しい師弟関係の構築が不可欠なのだと、池田会長は訴えたのだと思います。迫害は、実は人間を涵養する大きな契機でもあって、チャンスとして前向きにとらえるべきである。ただし、迫害を糧に成長するためには、そこに「師弟の絆」がないといけない――そのようなメッセージが込められた講演だったのだと思います。

松岡　「師弟」のなかにこそ、生きた信仰が流れ通う。そして、「師弟の絆」は迫害のさなかでこそ試され、輝く――そのようなとらえ方が創価学会の信仰の核にあります。

三代会長は仏教の実現者

佐藤　さて、以上のようなことを前提として踏まえたうえで、三代会長について、松岡さんからいろいろご教示いただければと思います。

松岡　教示なんておこがましいですが、私なりの三代会長観を語ってみたいと思います。まず、「仏教史のなかに三代会長をどう位置づけるべきか?」を考えてみます。

釈尊が説いた仏教の核心は、「すべての物事は互いに関わり合い、支え合って存在している」とする「縁起の理法」です。それを大乗仏教では「空」[*1]という形で理論化し、龍樹などがさらに精緻化した「中論」を説いた。そしてそれが、天台（大師）に至って、「一念三千」[*2]という存在論として結実します。その「一念三千」の理論を、「三大秘法」（本門の本尊・本門の戒壇・本門の題目）からなる「救済のシステム」として大成したのが日蓮でした。

佐藤　わかりやすいです。

松岡　そして、日蓮がつくり上げた三大秘法という「救済のシステム」を、広く日本中、世界中に流布していったのが、三代会長であり創価学会でした。釈尊は仏教の創始者、日蓮は完成者、三代会長は実現者であると言えましょうか。三代会長は、釈尊から日蓮に至る仏教史の、いわば「総仕上げ」の役割を担ったのです。

佐藤　「総仕上げ」を担ったのが出家者ではないという点が興味深いですね。

松岡　もちろん、日蓮宗や日蓮正宗といった僧侶集団がずっといたわけですが、彼らは七百年の歴史のなかで日蓮の教えを形骸化させました。時の

＊1　空　仏教における「空」とは、すべての事象は刻々と変化し続け、そこには固定的な実体は存在しないという意味。釈尊は、物事を固定的にとらえ、それに執着することが苦しみの原因であるとし、世界は「空」であると説いた。

＊2　一念三千　衆生の起こす一念の心に三千の諸法が具わること。一念とは極めて短い時間、三千とは現象世界すべてのこと。中国の天台大師が完成した理論。

権力に迎合したり、聖職者とは呼べないほど世俗化したりして、三大秘法が「救済のシステム」として機能しなくなっていた。そのシステムを現代において再生させ、実際に民衆救済のために広く用いていったのが、三代会長でした。私が「仏教史の総仕上げの役割を担っていた」というのは、そういう実現者の意味です。

佐藤　よくわかります。私も『地球時代の哲学』のなかで、「池田氏の出現によって、日本と世界の仏教の歴史は質的に変化したのである」と書きました。その「質的な変化」を別の言葉で言い換えるなら、松岡さんが言われるように、「形骸化してしまっていた日蓮仏法の救済のシステムを、現代に再生させた」ということになると思います。

そして、三代会長による「仏教史の総仕上げ」とは、「日蓮仏法の世界宗教化」とも言えます。私は『地球時代の哲学』で、「池田氏は、『西洋の危機も東洋の苦境もともに救いきれる宗教、現在から未来にかけての一切の問題に、人類が一体となって取り組むのに役立つ宗教』を創価学会のドクトリンに体現した」とも書きました。日本に生まれた宗教である日蓮仏法を、世界中どこでも通用する形に普遍化していったのが池田会長だと思います。

もちろん、世界宗教的な側面は日蓮仏法そのもののなかにもあったし、牧口会長、戸田会長も、世界宗教化を視野に入れていたでしょう。しかし、それが具体的に実現されていったのは池田会長時代です。池田会長はたとえば、「人権」とか「自由」などというヨーロッパ由来の概念を、日蓮仏法の観点からとらえ直し、普遍化していったのです。

松岡 そのことが「池田・トインビー対談」(『二十一世紀への対話』)の核心の一つだと、佐藤さんは書かれていましたね。

佐藤 そうなんです。「自由」や「人権」などという概念が、特殊ヨーロッパ的なものではない普遍的価値だということが、トインビー対談によって初めて明確にされたのだと、私は考えています。言い換えれば、池田会長が仏法的観点から光を当てることによって、「人権」や「自由」といった価値は普遍性を獲得したのです。それは、ヨーロッパの人々やキリスト教徒にとっても望ましいことでした。

松岡 仏教と人権思想の関係については、研究者の間でもさまざまな議論があります。「仏教は『無我』を説くものだから、個人の価値を重んじる人権思想とは相容れない」と主張する人もいます。逆に、「仏教は個人の人権よりも『共同体的な人権』を志向しているのだ」と考える人もいます。確かに、無常や無我、空などという仏教の思想を人権思想に結びつけていくのは、なかなかの難事だったのです。

ところが創価学会の場合は、「空」の正体を生命と見て個人の存在を重んじます。いわば「生命教」の仏教ですから、その教義には人権思想との親和性があるのです。「仏教が無常や無我を説くものであっても、万人がそれぞれ生命という究極の価値を有するのだから、人権があるのも当然だ」と考えられるわけです。

佐藤　仏教は「関係主義」（存在を関係性のなかの結節点としてとらえる思想）的な思想ですが、その関係主義が行き過ぎてしまうと、ヨーロッパ的なニヒリズム（虚無主義）に回収されてしまう危険性があります。「そもそも『自分』などという確たる実体はないのだから、人を殺しても、自殺しても構わないんだ」ということになりかねないのです。かつてのオウム真理教による殺人肯定にも、そうした側面があったと思います。それに対して、創価学会は生命の尊厳を重んじることによって、行き過ぎた関係主義に陥ることを免れていると言えます。

松岡　そうですね。生命を第一原理として立てて、そこから人権や平和などの価値を追求していったのが、学会の三代会長であり、なかんずく池田会長でした。

佐藤　ええ。そして、三代会長による「仏教史の総仕上げ」が、「此岸（この世）性」の追求のなかで成し遂げられてきたことは、大きな意義があると私は思います。

創価学会／ＳＧＩ（創価学会インタナショナル）は、「彼岸（あの世）性」よりも「此岸性」を重んじる教団です。現実のなかでわれわれが直面するさまざまな苦難――病気や経済苦、家庭不和など――に対して、具体的な解決を与える。それも来世での救いなどという話ではなく、現世において解決を与える。そのことを何よりも重んじてきた教団なのです。

世間では「御利益宗教」という言葉が侮蔑語になっていて、現世利益を前面に出す宗教を軽んじる風潮がありますが、それは宗教というものを理解していない人の考えだと思います。現世において御利益がないような宗教は、来世のことに関わる〝入場券〟すら持っていないのです（笑）。悩み苦しんでいる人々を具体的に救うことを何よりも重視し、「此岸性」を追求してきた点でも、三代会長は「仏教史の総仕上げ」を担ったと評価するにふさわしいと思います。

三代会長の哲学の根底にある「因果倶時」

松岡 「創価学会は現世で解決を与えられる宗教である」という話について、少し掘り下げてみます。仏教はもともと、因果――原因と結果の関係性をとことん追求してきた宗教でした。たとえば、釈尊は「十二因縁（いんねん）」というものを説いて、人間の苦しみを十二種類の因果関係から分析しました。「十二因縁」を「十二縁起」とも呼ぶとおり、「縁起の理法」自体が因果関係の探求から生まれてきたものです。

佐藤 なるほど。

松岡 牧口初代会長は、その点に仏教の魅力を感じたようです。原因と結果の探求によって人を苦しみから救おうとする点に、科学の研究にも通ずる合理性を見いだしたのです。しかも、科学は現世だけの原因・結果を追求しているのに対し、仏教は過去世と来世までも視野に入れて原因・結果を追求している。したがって、仏教は最も包括的な因果論であり、仏教の視座に立ってこそ科学などの因果論も正しく活かすことができる、というのが牧口会長の結論でした。

ただ、釈尊の仏教は、過去の因を変えられないものとしてあきらめます。それに対して、『法華経』および日蓮仏法では「因果倶時」——原因と結果が同時に生じると説きます。因果倶時の妙法を信じて因果に自在な身となれば、もはや過去の因に引きずられません。だからこそ、来世の救いを待たずとも、現世で苦しみを解決できる。「此岸性」を創価学会が重んじている背景には、この「因果倶時」の教理があるのです。

佐藤　それはつまり、この世界を単純に時系列で見るのではなく、構造として見るということですかね？　構造だからこそ、土台が変わればその上も変わる、と……。

松岡　そのように説明できるかもしれません。ともかく、過去の行いに縛られなくなるということです。三代会長が掲げた「宿命転換」「人間革命」という希望の哲学も、この因果倶時を踏まえたものです。人間革命とは、心構えや性格が変わるなどという次元の話ではなく、因果倶時の妙法によって宿命から自由になることなのです。そこで、過去からの「宿命」は「使命」に変わります。池田会長はそう指導しています。

佐藤　『人間革命』の第二版が刊行され、最初の版からは一部の記述が改訂されているわけですが、あれも、「過去を変える」という日蓮仏法的営為なのかもしれませんね。

松岡　ああ、それはかなりの深読みですね（笑）。時に応じた価値的な表現をするのも、生きた宗教の証しだと思いますが。

佐藤　大学の神学部の授業では、仏教など、キリスト教以外の宗教についても学びます。私は同志社大学で「阿毘達磨（あびだるま）」（仏教の注釈書）の講義を受けたとき、そのなかに出てくる一つの挿話に強い印象を受けました。それは、〝ある船が嵐で難破した際、一人だけ死なずに助かった。なぜ助かったかといえば、将来、悟りを開いて仏となる人だったからだ〟という話です。つまり、未来において仏になるという「結果」が、現在において命を救われる「原因」となっているわけで、因果の時系列が逆転しているのです。それを教えてくれた教授は、「仏教における因果というものを、単純に時系列で考えてはいけないということだ」と解説してくれました。今のお話で、そのことをふと思い出しました。

松岡　そうですね。因果俱時は妙法の因果に関する教えですが、「因果は根源的に一体であり、時間を超越している」ということでもあります。だから、因果の時系列が逆転していても矛盾ではないのです。そのような因果俱時の教理が、三代会長の哲学の根底にある。だからこそ、世界を単純に時系列で見ることに慣れた世間の人からは、ときに理解しにくい面もあるわけです。

牧口初代会長の獄中闘争を支えた信念

佐藤　今回の対談のために、私は牧口初代会長の「尋問調書[*3]」をあらためて読み直しました。獄中にありながら、牧口会長がまったくぶれることなく、自らの信念を堂々と披瀝（ひれき）している様子に、読むたびに感銘を受けます。私自身が過酷な獄中生活を体験したからこそ、牧口会長が泰然とした姿勢を貫いたことのすごさが、身にしみて理解できるのです。

松岡　そうですね。現代の拘置所に比べれば食事も粗末だったでしょうし、実際、牧口会長は巣鴨拘置所内の病監で栄養失調と老衰のために亡くなっ

*3　**尋問調書**　牧口初代会長が、治安維持法違反および不敬罪の容疑で逮捕され獄中にあったときの、特高警察（日本の政治警察）による調書。

ています。そのような命ぎりぎりの状況のなか、牧口会長はカントの哲学書を精読し、看守を折伏さえしたのです。

佐藤　獄中でも動じなかったその強さは、現世だけでなく過去世・来世までも見据える賢者であったがゆえなのだと、今回の対談であらためて感じました。

　たとえば「尋問調書」には、「憲法は現世に於ける処の日本国を統治する法でありまして……政体が変って将来憲法も改正されたり廃止される様な事があるかも知れません。憲法は大法の垂迹であります。然るに法華経の法は宇宙根本の大法でありまして過去・現在・未来の三世を通じて絶対不変万古不易の大法であります」という一節があります。

松岡　「国家を相対化する視点」が見て取れますね。

佐藤　ええ。〝憲法は現世だけ、一国・一時代だけのものだが、自分はそれよりはるかに包括的な、三世を貫く宇宙の不変の真理に従って生きているのだ〟と、特高に向かって堂々と宣言しているわけです。すごいことだと思います。

松岡　「憲法は大法の垂迹」という言葉は、憲法を軽んじていたわけではなく、法華経の真理を根底に据えることによって憲法を活かしていけるという意味だと思います。

佐藤 そうですね。安保法制をめぐる憲法論議のなかでも、公明党議員の皆さんには、ぜひ牧口初代会長のこの姿勢を範として頑張ってほしいと思います。

池田会長は「創価思想の完成者」

松岡 創価学会の三代会長は、それぞれの時代に応じた役割を担ってこられました。その役割を「時代への応答」ととらえるなら、牧口会長は戦時下の忍耐の時代に「罰論」として、戸田会長は戦後の復興期に「利益論」として、池田会長は成熟社会の時代に「生き方論」として、創価思想を展開したと見ることができます。

佐藤 なるほど。

松岡 そして、三者とも基本線としては、創価思想を「生き方論」として展開したといえるでしょう。その意味で、池田会長は「創価思想の完成者」と見ることができます。

佐藤　私のような外部の人間から見ても、池田会長が「創価思想の完成者」であることは自明だと感じます。

松岡　何をもって池田会長を「創価思想の完成者」と見なすかと問われたら、いろいろな答え方があるでしょう。ただ、私としては、池田会長時代にＳＧＩが世界に広がったという事実が、何よりも重いと思うのです。今やＳＧＩは世界百九十二カ国・地域にまで広がっています。これは、仏教三千年の歴史のなかで、誰人も成し得なかった偉業です。しかもそれは、社会と隔絶した形ではなく、各国のあらゆる階層の人々に「よりよい生き方」を教えるという形での広め方でした。その事実自体が、「生き方論としての創価思想」の完成型だと感じるのです。

佐藤　そうですね。牧口会長・戸田会長が土台を築かれたことは確かだとしても、池田第三代会長のリーダーシップがなければ世界に広がらなかったわけで、偉業であることは誰にも否定できないでしょう。それこそ、世界の宗教地図を塗り替えるようなスケールの話ですからね。

松岡　ええ。ですから、各国の指導者たちがこぞって池田会長に会いたがるというのも、ある意味で当然だと私は思っています。

佐藤　池田会長の人物としてのスケールは、「一国のリーダー」などというレベルの話ではないですからね。私は自著『地球時代の哲学』のなかで、「池田氏は悟りを得たという点では仏であるが、すべての衆生（しゅじょう）を救うためにわれわれの世界にとどまっている菩薩（ぼさつ）なのである」と書きました。つまり、一国のリーダーたちがむしろ教えを乞うべき相手だと思うのです。

松岡　創価学会の外に身を置かれる佐藤さんならではの、ストレートな評価ですね。そう言い切ってもらうのは貴重なことです。

それはともかく、昨今の各国ＳＧＩの動きを見ると、池田会長が半世紀以上かけて進めてきた世界広布の歩みが、大きく結実しつつあることを感じます。たとえば、今年（二〇一五年）六月には、イタリアＳＧＩ（正式名称は「イタリア創価学会仏教協会」）とイタリア共和国政府の間で、「インテーサ」と呼ばれる宗教協約が調印されました。調印式はフィレンツェの学会会館で行われ、レンツィ首相が出席して調印を執り行いました。

佐藤　非常に重要なことだと思います。バチカンを囲んでいるイタリアで、ＳＧＩがまっとうな宗教団体としてのお墨付きを政府から得たわけですからね。

松岡　インテーサを結んだ宗教団体は、ＳＧＩを含めてまだ十二団体だけだそうです。ＳＧＩがイタリア内務省にインテーサの申請をしたのは二〇〇一年四月で、実に十四年もかけて慎重に審査が行われたわけです。

佐藤　そのことが象徴的だと思いますが、創価学会／ＳＧＩは、ほかの宗教団体とも平和的に共存・共栄できる教団ですね。そのことが各国政府にも理解されてきたからこそ、インテーサを結ぶような形で受け入れられるのです。そして、他宗教との平和共存が可能なのは、池田会長のドクトリン（基本原則）がそのようなものになっているからですね。海外での布教にあたっても、その国の国体（国の基礎的な政治原則）問題には踏み込まないという原則を遵守(じゅんしゅ)している。だから各国政府も安心できるわけです。

松岡　中国や旧ソ連との民間外交においても、池田会長が「国体問題には触れない」という姿勢を貫いたからこそ受け入れられたのだと、佐藤さんはこの対談で言われていましたね（第五章参照）。

佐藤　ええ。それと、池田会長について、「日本では誤解されがちで、海外での評価のほうが高い」という現実が一貫してあるわけですが、私は、それはある意味で必然的なのだと思います。キリストも、生まれ育ったナザレ（イスラエルの町）では預言者として受け入れられなかったですからね。預言者的な宗教者というものは、とかく故郷では誤解にさらされるものなのです。

松岡　そういう面もあるかもしれません。ともあれ、池田会長は「創価思想の完成者」として、世界広布に未曾有（みぞう）の足跡を刻んでこられたのだと思います。

SGIが担う役割は、「社会の生命力の回復」

佐藤　今の話とも関連しますが、二〇一五年九月に邦訳が刊行された、フランスの作家ミシェル・ウエルベックの『服従』という小説があります。フランスでは二十五万部を突破し、ヨーロッパ各国でも軒並みベストセラーになっている作品です。私は邦訳版（河出書房新社）に解説を寄稿したのですが、これは「社会と宗教」について考えるうえで示唆に富む小説です。

松岡　どのような小説ですか？

佐藤　「二〇二二年に、フランスにイスラム政権が誕生する」という設定の近未来小説です。

松岡　荒唐無稽（こうとうむけい）な話に思えますが、そうでもないのでしょうか？

佐藤　一見、荒唐無稽ですが、展開はなかなかリアルですよ。二〇二二年のフランス大統領選が、「イスラム同胞党」という架空のイスラム政党の候補と、実在する極右政党「国民戦線」のルペン候補の一騎打ちになるんです。つまりフランス国民は、「イスラム政権か、極右政権か」という究極の選択を迫られるわけですね。そして、多くの人が「イスラム同胞党は穏健ムスリム（イスラム教徒）だし、極右よりはましだろう」という判断を下して、イスラム政権が誕生するのです。

ところが、イスラム同胞党の背後にはサウジアラビアがついていた。サウジは膨大なオイルマネーを注ぎ込んで、フランスという国を根底から変えていきます。たとえば、女性には高等教育を与えないようにします。高等教育を受けずに家庭に入った女性には、高額の補助金が支払われるんです。そして、各大学に「イスラム教徒条項」をもうけて、ムスリムでない教授は全員解雇してしまいます。ただし、解雇した教授たちには高額の年金が生涯支払われるので、誰も文句を言わない（笑）。フランス人たちは、そういう社会で生き残るために、どんどんイスラム教に改宗していく。そして最後には、フランスのみならずＥＵ全体が巨大イスラム帝国に変貌していくというストーリーです。

松岡　かなりセンセーショナルな小説ですね。

佐藤　私は、この『服従』という小説がベストセラーになっている背景には、ヨーロッパ全体の「生命力の減衰」があると分析しています。

松岡　それはつまり、ヨーロッパにおける既成宗教の衰退・形骸化が、その「生命力の減衰」を生んでいるという見立てですか？

佐藤　ええ。そういう面があると思います。作者のウエルベックは、ヨーロッパの生命力減衰が宗教の衰退と密接に結びついていることを、作家の鋭い直観で見抜いたのでしょう。だからこそ、ヨーロッパがフランスからイスラム化していくという挑発的な小説を書いたのだと思います。

そして、先ほどのイタリア政府とＳＧＩの宗教協約の話も、おそらく根っこの部分ではつながっています。イタリア政府の人々は、国内のカトリックが昔に比べて勢いを失い、それがイタリア全体の生命力の減衰を生んでいることに気づいていた。だからこそ、ＳＧＩを社会のメーンストリームのなかに引き入れることで、生命力を回復させようとしたのではないでしょうか。心の表面では明確にそう思っていなかったとしても、潜在意識の部分では、きっとそのような選択があったのだと思います。

松岡　確かに、創価学会は「生命教」ともいうべき教団ですし、「生命力」は学会の重要なキーワードの一つです。その意味で、「SGIがヨーロッパの生命力回復の役割を担っている」という佐藤さんの見立ては、大いにうなずけます。

佐藤　それから、私が『服従』を読んで思い出したのは、シュテファン・ツヴァイク（オーストリアのユダヤ系作家・評論家）の遺書です。

ツヴァイクはナチスに追われて世界各地を転々として、最後にたどりついたブラジルで、一九四二年に夫人とともに服毒自殺を遂げます。彼の遺書には、「私の精神的な故郷であるヨーロッパが、みずからを否定し去った」「友人たちが、長い夜の後になお曙光(しょこう)を目にすることができますように！　私は、この性急すぎる男は、お先にまいります」と書かれていました。彼は、ナチスが早晩敗れ去るであろうことは確信していたはずです。しかし、〝六十歳になった自分にはもう、この闇の果てに曙光を見いだすまで耐える力が残っていない〟と、人生を投げてしまった。まさに、今のヨーロッパを覆っている「生命力の減衰」の前触れのようなものが、ツヴァイクの遺書には見て取れるのです。

松岡　生きた宗教は生命力の源泉です。やはり、確固たる宗教を持っていないと、自分を超える広がりというものが得られないのでしょうね。

佐藤　そうですね。宗教という土台がない人は、その代わりに「拝金教」になったり、「権力教」になったり、「出世教」になったりするわけです。そんなところに自

分の支えを見いだそうとする。

しかし、お金や社会的地位なんてはかないもので、ちょっとしたきっかけですぐに失ってしまいます。一部上場企業の社員たちは、五十八歳を境にして学校の同窓会によく出てくるようになるそうです。定年後も本社に残れる役員になれるか否かは、五十八歳で結論が出てしまうから、残れないと確定した人は過去の絆にすがりたくなるわけです（笑）。

まあ同窓会くらいならいいですが、出世だけを人生の目的にしてきた人がその目的を見失ったとき、薬に頼ったり、酒に溺れたりしてボロボロになっていく例は、世の中にいくらでもあるわけです。宗教を持たない人の人生は寂しいものだと、しみじみ思いますね。少し話がズレましたが……。

松岡　『服従』という小説に描かれているのは、一つの宗教がある国の「国体」を変えてしまう物語ですね。その意味で、池田会長の布教姿勢の対極にある物語ともいえます。

佐藤　そう思います。まともな宗教なら、「自分たちの宗教によって世界が統一されれば、理想社会が現出する」と考えているでしょう。そうした考えを持たない教団があるとしたら、それはニセモノです。ただし、その理想は理想として、現実世界には多種多様な宗教があるわけで、その多様性を担保する視点がない宗教は世界宗教たり得ません。創価学会／SGIは、きちんと「多様性の担保」ができています。その意味でも、宗教の形骸化で生命力が減退しているヨーロッパ社会の、「生命力の回復」を担う資格があると思うのです。

創価学会への信頼は着実に高まっている

佐藤　二〇一四年十一月の「会則の教義条項改正」を契機として、今後は創価学会教学の再編が本格化していくと思います。その動きのなかで何よりも留意すべきは、今回の対談で出てきた「池田会長は創価思想の完成者である」という視点を、はっきりと前面に打ち出すことではないでしょうか。

松岡　おっしゃるとおりだと思います。ただ、近代主義的な考え方とどう折り合いをつけていくか――平たく言えば、「池田教」などと学会を批判する勢力が注視するなかで、どのように池田会長を教義のなかに位置づけていくかは、難しい課題です。

佐藤　私は、「個人崇拝と見られるんじゃないか」などと気にすることなく、堂々と池田会長の重要性を打ち出すべきだと思います。「名前」を持たなければ宗教ではないですから。それに、「池田教」などという言葉で学会を揶揄する輩は、もう相手にする必要すらないでしょう。今、創価学会にこれほど多様な人材が揃っていて、社会のあらゆるところで、それぞれの立場で頑張っておられる。その姿を見れば、「この人たちがやっている宗教なら、おかしな宗教ではないのだろう」と、多くの人がそう受け止めていると思いますよ。その信用・信頼は、学会の皆さんが思うよりもずっと深く根付いているはずです。

松岡　創立八十五周年、戦後の再出発から数えて七十年の積み重ねのなかで、学会への信頼はかなり高まってきたとお感じになりますか？

佐藤　それはそうですよ。たとえば、安保法制論議をめぐっては公明党も論議の的になっているわけですが、そのこと自体、信頼の高まりの表れともいえます。これまで公明党が世間から評価されるのは、福祉の領域など限定的な分野でした。それが、平和の問題、国家の安全保障の問題をめぐって、よくも悪くも公明党の選択が国民的議論の的になっているわけです。公明党のスタンスが、今全国民に注視されている。それくらい、日本社会に創価学会／公明党が重い位置を占めるようになったということであり、「信頼が高まってきた」のです。だからこそ、逆に「過剰な期待」も生まれるし、ときには「誤解に基づく期待」もあるわけです。

「存在論的平和主義」の基本に立ち返れ

松岡　「三代会長論」というテーマから外れますが、安保法制論議をめぐる学会員のいろんな意見を目にするなかで、私が気になるのは、「宗教の力で平和を実現しよう」とする学会の基本スタンスを、十分理解していない人が多いのではないかということです。

佐藤　私は、「公明党は安保法制に反対して連立政権を離脱すべきだ」という意見は的外れだと思います。「今いる立場で平和のために闘う」というのが、松岡さんが名づけられた創価学会の「存在論的平和主義」のありようだと思うので。

卑俗なたとえを使って述べるなら、仮に現役自衛官が安保法制反対の意見を抱いたとして、彼がその立場のまま、安保法制反対のデモの先頭に立って旗を振ることは許されるのか、という話です。公明党が連立政権にとどまることと、離脱して一野党になること――どちらが現実の平和に寄与することになるのか？　答えは明白だと思います。公明党が政権を離脱するということは、リアルポリティーク（現実の政治）においては自民党に白紙委任状を与えるのと同じなのですから……。

松岡　そうですね。「存在論的平和主義」とは何かを一言で説明するなら、『平和を叫ぶよりも、平和を生きる人が増えていくこと』を重視する平和主義」ということになるかと思います。「平和を叫べば平和がやってくる」と考えるような、理想論的平和主義とは似て非なるものなのです。

佐藤　「公明党は自民党に対するブレーキにならず、むしろアクセルになっているではないか」との意見もありますが、私は今でも十分ブレーキになっていると思います。端的な例を挙げるなら、（二〇一五年）八月十四日に発表された安倍首相の「戦後七十年談話」の内容です。あの談話がバランスの取れた内容になったのは、政権内に公明党がいたからこそだと思いますよ。

松岡　日蓮仏法の平和に対する考え方は、「ダメなものでもよく変えていく」「悪人をも味方につけていく」ということが基本だと思うんです。日蓮の御書にも、「法華第三に云く『魔及び魔民有りと雖も皆仏法を護る』」（「道妙禅門御書」）との一節があります。「十界互具」[*4]である以上、善と悪は不可分ですから、相手が今は悪人であろうと、魔の働きであろうと、仏法を護り、平和を守る働きに少しずつ変えていこうとする――その姿勢が「存在論的平和主義」です。マックス・ウェーバーが『職業としての政治』で言う「責任倫理」[*5]を果たすべく、公明党は政権のなかで、あの手この手で闘っていくしかないと思います。

佐藤　そうですね。まあ、公明党の頑張りで「新三要件」などの歯止めはかかっていますし、近未来において自衛隊が出動するような事態は、まず考えられません。安保法制の問題は、反対派が言うほど重大な問題ではないと私は思います。この程度のことで公明党・創価学会から離れていく人は、それだけの人ですよ。むしろ今は、「本当の味方かどうか？」を見極めるいい機会と言えるかもしれません。

*4 **十界互具**　十界とは、生命の状態、境涯を分類したもので、もっとも低い境涯である地獄界から最上位の仏界まで十種あるため十界と呼ぶ。これら十界はそれぞれ固定的な別々のものとしてあるわけではなく、地獄界のなかにも仏界が具わっているというように、各界が互いに十界を具えていることを十界互具という。

*5 **責任倫理**　政治家に求められる、「自らの行動の影響を考慮して行動する倫理」。「自らの心情に忠実に行動する倫理」である心情倫理の対義語。

三代会長に共通している「存在論的平和主義」

佐藤　話は変わりますが、松岡さんからいただいた『教学入門』（創価学会教学部編／聖教新聞社刊）を、じっくり読みました。よく練られた構成の優れた本だと思いました。

松岡　佐藤さんの『週刊ダイヤモンド』での連載「知を磨く読書」でも、『教学入門』を紹介されていましたね（二〇一五年八月二十九日号）。

佐藤　「日本政治を深く理解するためには、公明党の支持団体である創価学会の内在的論理を理解することが不可欠だ」という角度で取り上げたのですが、一昔前なら編集部から「特定の宗教団体の教義解説書はちょっと……」と待ったがかかったと思うんです。それがなかったということ自体、創価学会／公明党に対する理解が進んできたことの、一つの証左でしょう。

松岡　なるほど。あの『教学入門』は、もともと「ＳＧＩの教学テキストを作ろう」ということで企画がスタートしています。つまり、いろいろな言語に翻訳して、世界のＳＧＩメンバーが教学の基礎を学べる共通テキストを作ろう、という発想から始まっているのです。そのため、できるだけ普遍的な書き方がなされているからこそ、会員ではない人が読んでもわかりやすいものになっていると思います。

佐藤　その意図は成功していると思います。

松岡　たとえば、この対談でも再三登場している「存在論的平和主義」というキーワードですが、これは私が勝手に言っていることではなくて、日蓮仏法、創価学会教学のなかにちゃんと根拠があります。『教学入門』でいえば、「一念三千」の解説のくだり、「自身の一念が変われば自身を取り巻く環境も変わり、ついには世界をも変えていけるという希望と変革の原理が一念三千の法理です」が、その教学的根拠に当たります。

佐藤　公明党の動きを読み解くためにも、そういう内在的論理を知らないといけない。その意味で、公明党について論じようとする人は、批判者側も含めて、『教学入門』を読んでみるといいと思います。たとえば平和安全法制について論じるにしても、「存在論的平和主義」を理解しているか否かによって、公明党に対する見方が大きく変わるはずです。

「存在論的平和主義」の観点からすれば、公明党は昨年（二〇一四年）来、立派に闘いました。その最大の成果は、九条改憲を公明党が阻止したということです。九条の枠内でできるぎりぎりの平和安全法制を整備した以上、九条改憲は必要ない。今後、「創憲」という形で憲法の条文を変えることはあり得るとしても、九条を変えてフルに戦争ができる国家になろうとする方向への動きは止まったわけです。

松岡　池田会長はよく、「闘いは百年先、二百年先を見据えて進めていくんだ」という趣旨の発言をしてきました。公明党の安保法制をめぐる闘いも、大局に立って考えるべきだと思います。短期的にはさまざまな意見があるでしょうが……。

佐藤　そうですね。池田会長に限らず、戸田第二代会長も、牧口初代会長も、百年先、二百年先を見据えて、「存在論的平和主義」に立って闘いを進めてこられたのだと思います。

松岡　牧口初代会長の言葉に、「広宣流布（こうせんるふ）の仏法実践・学会活動は、平和と文化を推進する重要な社会活動である」というものがあります（『牧口常三郎箴言集』第三文明社）。これなどはまさに、牧口会長が「存在論的平和主義」に立っていたことを端的に示す言葉だと思います。

佐藤　『教学入門』には、「仏法西還（せいかん）――世界広宣流布」という項目がありますね。

松岡　ええ。インドから東へ伝わった仏教（仏法東漸）が、末法の世には逆に東の日本から西へ還る形で広がっていく、ということですね。元は、日蓮の御書「諫暁八幡抄」「顕仏未来記」に予言されています。

佐藤　あの項目を読んで、「学会の人たちはそういうスケールで世界をとらえているんだ」と、ある種の感銘を覚えました。そして、現実の「仏法西還」の道筋を考えてみると、最大の空白になっているのが中国ですね。言い換えれば、今後の最大の課題は中国への広宣流布でしょう。それがどれくらい先になるかはわからないにせよ、池田会長はそこまで見据えて行動してこられたと思います。

香港、マカオにおいては、「一国二制度」のもとで、すでにSGIの活動はフルに認められています。また、中国の大学に池田思想研究所が次々と設立されるなど、創価学会に対する理解も十分に広がっている。つまり、将来布教が認められたときのための基礎固めは、もうできていると言っていい。

松岡　そうした一連の出来事も、「存在論的平和主義」の一つの表れだと、佐藤さんはとらえておられるのですね。

佐藤　はい。仮に将来、中国大陸に確固たるＳＧＩ組織ができたとするならば、それこそが日中間の最大の安全保障になると私は思います。公明党が政権の一翼を担う日本が、ＳＧＩ組織のある国と戦争することは考えられないですからね。そのとき、日中間の安全保障はＳＧＩによって担保されるわけです。池田会長は、そのような未来まで見据えたうえで、長年日中友好に尽力してこられたのではないでしょうか。

松岡　あらゆる智慧を用いて中国を仲間にしていき、そのことによって平和を築いていく――それこそまさに、「存在論的平和主義」に立ったアプローチだと思います。ただ、それはなかなか理解されにくい面がありますね。創価学会が自己利益のためだけにやっていることのように思われてしまいがちです。

佐藤　まあ、自己利益の側面があってもいいわけです。あらゆる人や組織は自己利益を追求して生きているのですから……。創価学会の場合、組織としての自己利益の追求が、より大きな普遍的価値――世界平和や人類の幸福など――の追求に包み込まれています。その点こそが学会の強さだと思います。

会長を核とした「コスモポリタニズム」の重要性

佐藤　この対談でも何度か述べてきたことですが、池田会長という人物と現在の創価学会は分かち難く結びついています。池田会長への論及を迂回して、あるいは池田会長への評価を保留して論じられた創価学会論は、薄っぺらで的外れなものにならざるを得ません。

たとえば、池田会長がどこかの大学の名誉教授称号を授与されたなら、学会員は「わがことのようにうれしい」と感じるでしょう。逆に、週刊誌などに池田会長が中傷されたら、「わがことのように悔しい」でしょう。それが全世界のＳＧＩメンバーに共通する思いです。それは学会の強さの源であって、「個人崇拝」などという次元ではないのです。そのような組織を論ずるにあたって、池田会長への論及を避けて通れるはずがない。

松岡　そうですね。三代会長、今ならば池田会長という個人の人格からの感化が、個々の学会員にとって非常に大きな意味を持っています。その感化は、「池田会長の指導の一言にハッと気づかされる」という形を取る場合も多いにせよ、言葉だけではない全人格的なものでしょう。指導や著作、映像など、あらゆるものから総合的に伝わってくる「池田会長という人格」からの感化です。学会が「生きた宗教」であることの源泉は、池田会長という生身の師からの人格的感化が、個々の会員のなかに息づいていることにこそあると思います。

佐藤　よくわかります。その人格的感化の中身を別の言葉に言い換えるなら、池田大作という名のなかに体現されている日蓮仏法、創価学会の価値観そのものが、個々の会員に伝えられていくということだと思います。

松岡　今、SGIが百九十二カ国・地域にまで広がって、宗教的なコスモポリタニズム[*6]を形成していると思います。もちろん、宗教的コスモポリタニズムは、キリスト教やイスラム教にもあります。SGIは、仏教団体として初めて宗教的コスモポリタニズムを実現したと言えますから、その点でまず意義が大きい。

そして同時に、SGIにおける池田会長のような、全世界の信徒たちが共通して範とする「生きた求心力」としての個人を、今のキリスト教やイスラム教は持っていないと思うのです。

佐藤　そうですね。イエスが生きていたころのキリスト教なら、まさにイ

*6　**コスモポリタニズム**　全世界の人々を自分の同胞ととらえる思想。世界市民主義。

エスがその求心力になっていたわけですが、それ以降のキリスト教にはないでしょう。

松岡　アメリカ人もロシア人もインド人も、中国系の人も、世界中のＳＧＩメンバーが共通して池田会長を尊敬し、会長のもとに団結しています。だからこそ、ＳＧＩのなかに実現した「宗教的コスモポリタニズム」は、戦争に対する現実的な抑止力として機能していると思います。先ほど佐藤さんが言われた、「公明党が政権の一翼を担う日本が、ＳＧＩ組織のある国と戦争することは考えられない」ということと同じで、各国のＳＧＩメンバーが敵味方に分かれて殺し合うことも考えにくいですから……。

佐藤　ええ。たとえば、日本の創価学会員と韓国や台湾のＳＧＩメンバーが会ったときに、領土問題をめぐってケンカになるでしょうか。ならないと思います。なぜなら、共通の「国家よりも上位の価値」があるからです。やっかいな領土問題を抱えながらも、アジアで今戦争が起きていないのは、韓国ＳＧＩに百五十万人を超えるメンバーがいて、台湾ＳＧＩにも数十万人のメンバーがいるということが、大きな抑止力になっているからだと、私は考えています。国家を超えた絆で結ばれた世界のＳＧＩメンバーのネットワークは、将来的にはさらに大きな「戦争への抑止力」になるでしょう。

創価学会は「国家の枠」を初めから超えていた

松岡　今の話と関連して、もう一つ重要なポイントを挙げておきます。SGIが各国に布教を進めていく際の基本姿勢は、「その国のよき市民であれ」ということです。「SGI憲章」にも、「SGIは各加盟団体のメンバーが、それぞれの国・社会のよき市民として、社会の繁栄に貢献することをめざす」「SGIはそれぞれの文化の多様性を尊重し、文化交流を推進し、相互理解と協調の国際社会の構築をめざす」という一条があります。そのような基本姿勢だからこそ、各国の社会と不要なあつれきを起こすこともなく、平和的に人間革命を進めていける。その点も、SGIの宗教的コスモポリタニズムの大きな特徴です。

佐藤　わかります。SGIによって仏法が「西還」していくプロセスにおいて、各国の多様性がきちんと担保されている。また、各国の政治体制を覆(くつがえ)しかねないような危険性を、SGIは持っていないということですね。言い換えれば、SGIは国家とはそもそも位相が異なるということです。

したがって、週刊誌レベルの与太話(よたばなし)でいわれる、「創価学会が日本支配・世界支配の野望を抱いている」なんてことは、あり得ない話なんですよね。「国家権力の奪取」などというつまらないところに、SGIは目標を置いていないのです。

松岡　戸田第二代会長は、戦時中、治安維持法違反と不敬罪の容疑によって逮捕された獄中において、「われわれは、法華経に説かれた地涌(じゆ)の菩薩である」という自覚に達しました。「地涌の菩薩」とは、混迷を極める末法の世に、大地から湧き出てくるように世界中に無数に現れ、人々を仏にするために闘う菩薩です。世界中に現れるということは、すでに国家の枠を超えていて、「仏教的コスモポリタニズム」の萌芽が見られるわけです。そのような戸田会長の自覚が戦後創価学会の出発点であるからこそ、世界のSGIメンバーは、「自分はアメリカ人である」「日本人である」などというアイデンティティーよりも先に、「自分は地涌の菩薩である」という共通のアイデンティティーを持っています。

佐藤　全世界のSGIメンバーは、それぞれ「複合アイデンティティー」を持っているのだと思います。つまり、「自分はアメリカ人だ」「日本人だ」などというアイデンティティーとともに、「自分は○○という企業の一員だ」などというアイデンティティーがあり、「自分はＳＧＩメンバーである」というアイデンティティーがある。そのような複合アイデンティティーのなかでいちばんの核になっているのは、やはり「ＳＧＩメンバーであり、地涌の菩薩である」という自覚でしょう。

松岡　そうですね。日蓮の思想をそこにあてはめれば、「仏法者としてのアイデンティティーをしっかり持つことこそが、ほかのアイデンティティーに対する最大の忠誠になる」という考え方になると思います。それは、「信心即生活」とか「仏法即社会」という言葉で表現されている考え方ですね。

佐藤　学会員が複合アイデンティティーを持つとしても、学会の思想と相容れないアイデンティティーを持つことはできません。たとえば、「人種差別主義者であると同時に学会員である」とか、「女性差別主義者であると同時に学会員である」ということは、原則的にあり得ないわけです。

松岡　ええ。排他的な思想とは相容れないですね。万人に仏性を認める『法華経』に基づく、国家や人種、民族を超える「地涌の菩薩」という共通のアイデンティティーに根差した思想ですから。

「仏」を初めて肯定形でとらえた戸田会長

松岡　以上話してきたような、世界に通用する普遍的宗教としてのスタイル、また、多種多様なSGIメンバーがそれぞれの立場から少しずつ世界を変えていくというありようが、どこから生まれたのか？　そのことをあらためて考えてみると、やはり戸田第二代会長の「仏とは生命なり」という「獄中の悟達（ごだつ）」[*7]が、決定的な重要性を持っていたと思います。というのも、戸田会長以前には、仏という存在は否定形でしか語られてこなかったわけです。

たとえば「無量義経」（『法華経』の開経）には、「其身非有亦非無」（その身はあるのでもなければないのでもない）、「非方非円非短長」（四角くも丸くもなく、短くも長くもない）などと、謎かけのような「三十四の非」によって仏という存在が表現されています。戸田会長は獄中でこの「三十四の非」について思索し抜き、最後に「仏とは生命なり」という結論に達したわけです。

佐藤　否定形でしか語られてこなかった「仏」という存在を、戸田会長が

*7　**獄中の悟達**　戸田第二代会長が、戦時中、獄中で得た悟達（悟り、確信）のこと。戸田会長は獄中にあって『法華経』を読み、唱題と思索を重ねるなかで「仏とは生命である」と悟り、さらに唱題と思索を重ねていったとき、自分自身が『法華経』に説かれる「地涌の菩薩」にほかならないとの確信を得た。

初めて肯定形で語ったわけですね。

松岡　ええ。仏教の長い歴史のなかでも画期的な出来事だったと思います。そのとき初めて「仏教の存在論」が成り立ち、「存在論的平和主義」の核ができたのです。

佐藤　なるほど。その点に戸田会長の「生命論」の真価があったわけですね。牧口初代会長の「価値論」と戸田第二代会長の「生命論」には当然連続性もあるわけですが、一方では断絶性もある。その断絶性――言い換えれば戸田生命論の何が画期的であったのかが、今のお話でよくわかりました。

松岡　三代会長の思想の「連続性」ないし共通性は、合理主義的思考にあると思います。牧口会長は（日蓮正宗に）入信するときに、〝日蓮仏法は現代の科学に照らしても何の矛盾もない〟と、その合理性に感銘して入信を決意しています。

佐藤　国柱会の田中智学の日蓮理解とは、そこが大きく違うわけですね。

松岡　ええ。戸田第二代会長も、数学者でもありましたし、その合理主義的思考を受け継いでいます。もちろん、池田第三代会長にも受け継がれています。創価学会は一貫して、理性を重んじる仏教団体であり続けてきたわけです。しかし、宗教団体である以上、理性だけでは成り立たないわけで、どこかで理性を超えた究極の立場を会得しないといけません。それが成し遂げられたのが、戸田会長の「獄中の悟達」であり、そこに端を発した生命論だったのだと思います。

佐藤　「心」というと主観的になりますが、「生命」であれば客観的になりますね。また、生命は全人類に共通であるから、創価学会の世界宗教性の土台にもなる。そう考えると、戸田会長の「獄中の悟達」が決定的に重要だったという松岡さんのお話が、すんなり理解できます。それと同時に、学会と宗門の訣別はやはり必然的だったのだと、今のお話であらためて思いました。

松岡　戸田会長の生命論が仏の悟りを万人に開いていこうとするものであるのに対し、宗門は逆に仏という存在を自分たちが独占しようとしていますからね。ベクトルが逆なんです。

佐藤　牧口初代会長の「価値論」と戸田第二代会長の「生命論」をアウフヘーベン（止揚）して、世界宗教にふさわしい形で日蓮仏法のなかに再編していったのが、池田第三代会長であった。しかしそのプロセスのなかで、相容れない考え方を持った宗門との訣別は、必然的に起きた。そう言えるのではないでしょうか。

松岡　そうですね。ただ、一時期宗門に身を置いた者として実感で断言できるのですが、戸田会長や池田会長が以前から宗門との訣別を計画していたわけではありません。第二次宗門事件以前には、学会は真心から宗門の興隆に力を注いでいました。たとえば、私が宗門にいた時期に、学会は宗門に対して二百カ寺の寄進を計画し、宗門が断るまで百十一カ寺を寄進しています。訣別する気でいたなら、そんなことをわざわざするはずがありません。

佐藤　なるほど。ともあれ、結果として宗門との訣別が池田会長の時代に起きたのは象徴的ですね。前回論じたとおり、池田会長こそ「創価思想の完成者」であり、創価学会の世界宗教化の「実現者」なのですから……。世界宗教への飛翔の過程で必然的に起きた宗門との訣別は、池田会長の歩みのなかでも重要な出来事だったのだと思います。

第9章

創価学会の未来を展望する

今は創価学会の大きな転換期

松岡 この対談も今回で最終回となりました。締めくくりに、今後の創価学会についての展望を語ってみたいと思います。

佐藤 率直にお話ししたいと思います。私は、今という時期は創価学会の大きな転換期だと思います。学会がいよいよ本格的に世界宗教として離陸する時期だという意味でも、また、池田大作ＳＧＩ（創価学会インタナショナル）会長一人が指揮を執る時代から、ある種の合議制、「集団指導体制」への移行期だという意味でも。転換期だからこそ、その変化についていけない人たちからの不協和音も一部に生じているのでしょう。

たとえば、二〇一四年十一月に発表された、会則の教義条項改正です。この対談でも詳しく論じましたが（第三章参照）、あの教義条項改正は、学会にとって大きな節目であり、世界宗教に飛躍するために不可欠な改正でした。しかし、重要な改正だからこそ、一部に異を唱える会員が現れるのも必然的だったのです。

松岡 安保法制論議をめぐって起きた一部会員からの不協和音にも、よく似た側面があるのかもしれませんね。

佐藤 そうなんです。私には二つの不協和音が表裏一体のものに見えます。学会員で教義条項改正に反発している人と、平和安全法制に反対している人――両者には共通して「今の学会執行部は暴走して、池田先生のお心に反したことを行っているに違いない」という言い方をする人がいました。そういう論法は問題を孕（はら）んでいると思います。「私は学会員だが、安保法制には反対だ」と政治的意見を表明するのは自由ですが、そこに池田会長うんぬんを持ち込むのは筋違いだと思います。

松岡　「学会員であっても、政治的意見に関しては自由だ」ということは、池田会長も明言されていますからね。

佐藤　ですから、学会員が平和安全法制反対デモに参加するのも自由でしょう。しかし、その際に「池田先生のお心に反しているから反対だ」という言い方をしてしまうと、「なぜあなたは先生のお心がわかるのか」という話になるし、宗教的分派活動になりかねないから、学会組織として容認できないのは当然だと思います。「私は反対だ」というのは自由だけれど、「池田先生」を主語にして語るのはよくない。

松岡　そうした不協和音も、学会が集団指導体制に移行する過渡期ならではの葛藤と言えそうですね。

佐藤　ええ。そのような微妙な時期に政治的異議申し立てをするにあたって、何を主語にして語るべきなのか？　たとえば、キリスト教徒が政治的異議申し立てをすることも当然あるわけですが、その場合に「それはキリストの教えに背いている」などと言うのは、信仰のぎりぎりの問題以外に使ってはいけない論法です。たかだか安保法案程度の話に、信仰の核にある大切なものを持ち出すべきではない。私は一人の宗教人として、安保法案反対に軽々しく池田会長の名を持ち出す人たちに、強い違和感を覚えました。

松岡　政治活動と宗教活動の間にある、微妙な線引きの問題ですね。

佐藤　そう。その線引きが理解できない人も、残念ながらいるわけです。『旧約聖書』の「コヘレトの言葉」(「伝道の書」)のなかに、「何事にも時があり　天の下の出来事にはすべて定められた時がある」という有名な一節があって、「語るべき時」と「沈黙すべき時」があると説かれています。私は、今は学会員の方々は「沈黙すべき時」であり、公明党議員を信頼してまかせるべき時だと思います。この対談でも前に述べたように(第二章参照)、次の五十年の間には公明党首班政権ができても不思議はないわけで、今はそのための布石の時期、将来の勝利のための試練の時期なのです。

「資本主義の論理」とどう向き合うか?

松岡　創価学会の未来を考えるうえで大切な論点の一つとして、「資本主義の論理」とどう向き合っていくべきか、ということが挙げられます。というのも、「学会は資本主義の論理に取り込まれている」という批判が、まま見受けられるからです。

佐藤　資本主義社会である以上、「資本主義の論理」に全面的に背を向けるわけにはいかないのは当然でしょう。むしろ、「資本主義やお金儲けを否定しない」ということが、現代の宗教団体には基本条件として求められるのです。お金儲けは否定しないことをもって「学会は資本主義の論理に取り込まれている」と批判するのは、ちょっと筋違いだと思います。

松岡　もともと仏教のなかには、在家信徒のお金儲けを否定しない考え方があります。「儲けたお金を仏教のために布施するのは尊い行為だ」という考え方ですね。ただ、一方では仏教、特に上座部仏教[*1]には、消費行為を否定的に見る傾向があります。

たとえば、イギリスの経済学者シューマッハーは、『スモール イズ ビューティフル』（一九七三年）という有名な著作のなかで、「仏教経済学」なるものを提唱しました。シューマッハーはビルマ（現ミャンマー）に経済顧問として招かれたとき、現地で見た仏教徒の質素な生活に感銘を受け、そこから「仏教経済学」を発想したようです。彼は著書のなかで、小規模

*1 **上座部仏教**　仏教の分派の一つ。紀元前四世紀ごろ、戒律の扱いをめぐり戒律遵守派の上座部と戒律修正派の大衆部に分裂したとされる（諸説あり）。

なコミュニティーで自給自足する生活のありようを、理想として称揚しました。それは、資本主義の爛熟(らんじゅく)に対する一種の〝解毒剤〟として、一石を投ずる主張ではあったでしょう。しかし、これだけグローバルな消費社会が広がっている今、それに背を向けるような生活を仏教徒がしたとしても、現実を変える力にはなり得ないと思うのです。

佐藤 そのとおりです。たとえば、世界中の人たちが自給自足の生活を理想として追い求めていったなら、現在の医療水準の確保は困難になってしまうでしょう。余剰がなければ医学の発展もないわけで……。グローバルな資本主義社会のなかで、資本主義や消費を否定しても始まりません。大切なのは、否定するのではなく上手に折り合いをつけていくことです。

松岡 ええ。デヴィッド・マハチェクという宗教社会学者が、アメリカSGIを研究した『アメリカの創価学会』(フィリップ・ハモンドとの共著/邦訳・紀伊國屋書店)のなかで、次のように述べています。

「創価学会は、ウェーバーが描いたカルヴィニズムの禁欲主義とは異なり、自身の満足と消費に宗教的意義と道徳的是認を付与するような世俗内性を宣揚し、その消費主義を他者の幸福への配慮という言葉で表現するのである」

要するに、上座部仏教のような世俗から離れた禁欲ではなく、マックス・ウェーバーが『プロテスタンティズムの倫理と資本主義の精神』で述べた「世俗内禁欲」を、創価学会／SGIは志向しているということです。

佐藤　「世俗内禁欲」とは、裏返せば、ビジネスやお金儲け自体は肯定しているということですね。「お金儲けを否定はしない。しかし、世俗の論理に染まりきってしまうのではなく、きちんと歯止めをかけますよ」というのが世俗内禁欲です。

松岡　この対談の重要なキーワードになっている「彼岸（あの世）性／此岸（この世）性」の二分法でいえば、上座部仏教は「彼岸性の宗教」であり、「欲望の否定」が基調になっています。一方、創価学会は「此岸性の宗教」ですから、欲望は否定するのではなく「活用」しようとします。消費社会に背を向けるのではなく、消費社会のなかに分け入って、内側から浄化しようとする志向性と言いますか。

佐藤　よくわかります。実際、創価学会の人たちと身近に接してみれば、基本的な姿勢が禁欲的で質素であることが感じ取れます。贅沢な高級車を見せびらかす幹部とか、高級レストランや料亭で日常的に散財する幹部なんて、見たことがないですからね（笑）。また、仮にそういうことを得意げにするような幹部が現れたとしても、そのことで会員に尊敬されたり憧れられたりすることは決してないでしょう。「カッコいいこと」の基準が学会では違うのです。もちろん、外部の人を接待する際にはそれなりの一流店を使うでしょうが、自分たちがくつろげる場は普通の居酒屋とかお好み焼き屋さんなのではないでしょうか。

松岡　そのように、「世俗内禁欲」志向が組織全体に浸透していることと関連するのですが、創価学会／SGIには強制的な道徳律がありません。たとえば、同性愛や人工妊娠中絶についても、カトリックが宗教上の罪に当たるとして否定しているのに対し、SGIは特に規制をもうけず、各会員の自己決定に委ねています。そういう自由さこそが、SGIが西欧社会で広く受け入れられている大きな要因なのだと思います。宗教社会学者のブライアン・ウィルソンとカレル・ドベラーレがイギリスSGIを研究した『タイム・トゥ・チャント』（紀伊國屋書店）という本のなかに、「日蓮仏教は、道徳律は個人の問題であり個人に責任があると教えているが、それがこの運動に、宗教団体には珍しいほどの寛容と許容の精神を与えることになった」という一節があります。同書には、強制的な道徳律がないことに魅力を感じて入会したというSGIメンバーの声も紹介されています。

ではなぜ、SGIが強制的道徳律を持たないかといえば、それは日蓮の考え方に由来しています。「今は、欲望が盛んで機根[*2]の低い衆生(しゅじょう)が生まれてくる末法の世である。ゆえに、戒律を科してもその欲望を消すことはできない。戒律で押さえつけるのではなく、仏の生命を保つことによって、おのずと道徳的な生活を送らせるようにすべきだ」というのが、日蓮仏法の基本的な考え方なのです。

佐藤 なるほど。そのような考え方は、欲望を際限なく刺激される今の爛熟した資本主義社会にふさわしいと思います。学会は、独自の「世俗内禁欲」を貫く形で資本主義と向き合っているのですね。

世界宗教にふさわしい教学の完成を目指して

松岡 今後、創価学会／SGIが世界宗教として本格的に飛躍していくにあたって、世界に流布するにふさわしい創価学会教学の完成ということが、大きな課題になってくると思います。

＊2 **機根** 仏法を聞いて受け入れる衆生の能力、性質のこと。釈尊は、人々の持っている「機根」に応じて法を説いたとされる。

佐藤　それは、三代会長論を核とした教学になるのではないでしょうか？

松岡　ええ、三代会長がそれぞれ果たした役割を、教学的に位置づけていくことが大きな課題となるはずです。それは一言で言えば、牧口初代会長の「価値論」、戸田第二代会長の「生命論」を、池田第三代会長が「人間主義の哲学」として完成させた……という流れになるでしょう。もちろん、以前佐藤さんがおっしゃったように（第一章参照）、完成までには百年くらいかかるような長い道のりだと思いますが。

佐藤　キリスト教神学がどのように形成されていったかを、学会教学の理論家の方々がじっくり学んでみると、参考になることがいろいろあると思います。特に、文献の科学的真贋（しんがん）と教義との距離関係というのは、非常に難しい問題です。

松岡　ええ。創価学会教学を確立していくうえで、歴史学や文献学など、広義の科学の成果には当然配慮しないといけません。ただ、科学にはパラダイム転換があります。たとえば、ニュートン力学の時代においては相手にされていなかった仏教が、アインシュタインの相対性理論が出てくると「先見的な思想」として評価されるようになった――そういうことが、今後も起こり得るわけです。したがって、科学的見解を安易に採用して、教義の根幹に取り込むべきではないと思います。

佐藤　神学の場合、「補助学」という概念があるんです。文献学や歴史学は、神学から見ると「補助学」になります。つまり、あくまで補助的な位置づけであって、補助学の内容によって教義の根幹が揺らぐことはありません。たとえば、『旧約聖書』の「モーセ五書[*3]」は、伝統的には「すべてモーセが書いた」と解釈されてきました。しかし、五書の最後の『申命記』にはモーセ自身の死が描写されていますし、「モーセが書いた」とする解釈は科学的には否定されます。文献学的にも、モーセが生きた時代よりかなり後に成立したと考えられています。しかし、科学的に否定されたとしても、モーセ五書の宗教的価値はいささかも揺るがないのです。

松岡　誰が編纂したものであれ、モーセの精神を正しく展開したものである以上、宗教的真実として成立するということですね。

佐藤　そういうことです。

松岡　これからの学会教学の構築にあたっても、そのような姿勢で臨んでいくべきでしょうね。学会教学の根幹をなすような日蓮の重書（重要な御

*3 モーセ五書　『旧約聖書』の最初にある「創世記」「出エジプト記」「レビ記」「民数記」「申命記」の五つの書のこと。古代イスラエルの預言者・モーセの著作と考えられたことからこの名がある。ユダヤ教では「律法（トーラー）」と呼ばれる。

書）のなかにも、文献学的には偽書とされるものがあります。そういう御書に対する学会の姿勢を、明白にしないといけない時期にさしかかっています。

佐藤　それは、何ら問題にならないと思います。『聖書』のなかにも、カギカッコでくくった文章がたくさんあります。「文献学上、後世に挿入されたことは明白だが、教会の長い歴史のなかで真正テキストとして受け止められてきた記述だから、削除せずに残す。ただし、区別のためカギカッコに入れ、後世挿入と明示しておく」という意味です。文献学的真実と宗教的真実は、必ずしも重ならないのです。キリスト教でも創価学会でも、信者のすべてがインテリではないわけで、「インテリ向けの教学」になってはいけないのです。信者である民衆、大衆にとっての真実でなければいけない。救済と関係なければ宗教ではないですから……。

松岡　学者は一般に、宗教的真実より文献学的真実に固執しがちですからね。

佐藤　自説が受け入れられないと、へそを曲げて出て行ってしまったりしてね（笑）。だからこそ、神学者・教学者には、一般的な学者とは別の資質が必要になるわけです。宗教的真実を重んじる人でなければならない。

神学には聖書神学・歴史神学・組織神学・実践神学がありますが、いちばんの要となるのは実践神学です。信徒たちの現場での実践の要請に応えられないような神学ではダメなんです。

松岡　学会教学部も、活動の現場で会員さんたちと一緒に汗をかかないといけないというわけですね。

佐藤　それから、創価学会の場合は池田会長という卓越した指導者がいて、池田会長による日蓮解釈がきちんと整理されているわけですから、その意味では世界宗教として飛翔するための教学的準備はすでにできているとも言えます。

松岡　そうですね。仏教には、「智者の教えに従って経典を読む」という伝統があります。日蓮が天台の教えに従って正しく仏典を読み、創価学会は日蓮の教えに従って正しく『法華経』を正しく読んだ。そして今、学会員は池田会長の教えに従って正しく日蓮の御書を読んでいると言えます。「智者」である池田会長が認めた日蓮の御書は、すべて真正テキストと認めてよいというのが、私の考えです。

佐藤　ええ。神学の行き詰まりを突破するために発達してきた「解釈学」

の教えるところによれば、「解釈者」というものは、原テキストをより深く解釈することができるのです。池田会長は、まさに日蓮のよき「解釈者」と言えるでしょう。

創価学会に対する期待と注文

松岡　さて、対談の締めくくりに、これからの創価学会に対する期待と注文をお話しいただければと思うのですが……。

佐藤　私は、創価学会の今の方向性は正しいと考えていますから、今歩んでいる道を自信を持って進んでほしいと思います。そのうえで、これは前から言っていることですが、今の創価学会の問題点はただ一つ——自分たちの力の過小評価です。過大評価も危険ですが、過小評価にも危険性があります。学会が自らの力を等身大で正しく評価することが、今後いっそう重要になってくるでしょう。

それと、学会に対する注文を言うなら、外部から「池田教」などと揶揄（やゆ）されたとしても、もうそんな輩（やから）を相手にしている段階ではないのですから、池田会長をしっかりと中心に据（す）えて進んでいってほしいですね。組織的にも、世界広布においても、教学的にも……。

松岡　私自身の期待としては、創価学会の「人間主義」をもっと世界に広めてほしい、ということに尽きます。「人間主義」とは一言で言えば「人間の生命を究極と見る思想」ですから、あらゆる文化の基底にあるものです。したがって、人間主義はイデオロギーや文化の壁を超えて、諸文明を統合し得る思想であると言えます。人間主義による世界の統合という一大事業に向けての歩みを、創価学会／ＳＧＩには着実に進めてほしいと思います。

佐藤　私の妻が最近、「あなた、創価学会の人と会う日は楽しそうね」と言いました。確かに楽しいんです。今まさに新たな世界宗教が生まれていく過程を間近に見ることができるのですから、一宗教者としてこんなに胸躍ることはありません。

私は創価学会にとっては外部観察者にすぎませんが、キリスト教徒であり、神学者でもある外部観察者だからこそ見えることがあります。キリスト教はすでに世界宗教として長い歴史を持っていますから、今まさに世界宗教化の途上にある創価学会が直面している課題に、はるか昔に直面してきています。それゆえに、神学者としての立場から創価学会にアドバイスできることも少なくないのです。「あ、創価学会は今こんなところに引っかかっているのか。これはキリスト教の歴史でいえばあのへんの出来事と同じだから、こうすれば突破口が開けるはずだ」というふうに、類推からわかることがたくさんあります。

特に、この対談でも随所に表れていたように、創価学会とプロテスタントには多くの共通項があります。だからこそ、私のようにプロテスタントの神学的訓練を受けてきた者にとって、創価学会は理解しやすい教団でもあるのです。

松岡 そうですね。プロテスタントと創価学会は、個々の信徒の「宗教的使命」のとらえ方が近いですし、共に「此岸性の宗教」でもあります。また、すべての会員が勤行もし、折伏もし……と僧侶的役割も兼ねる点が、プロテスタントにおける「万人祭司」というありようと相通じます。さまざまな面でよく似ている。私は学者として幅広い分野の宗教学者と接する機会がありますが、仏教的背景を持つ学者よりもキリスト教系の学者のほうが、とかく話が合いますね。

佐藤 ともあれ、キリスト教の歴史のなかに使える要素があるならば、創

価学会／ＳＧＩは大いに活用して、今後の世界宗教化に活かしていってい
ただきたい。そのためのアドバイスなら、私にも少しはできると思うので
す。

松岡　それはもう、「少し」どころではなく、佐藤さんに教えていただき
たいことがたくさんあります。

『法華経』は、この世にあるすべての二項対立を超克して、一切平等を
解き明かした経典です。だからこそ、「自分たちの宗教だけが完成してい
るのだ」という驕りに陥ることなく、常に「永遠の未完成」という立場
に立ち、他の宗教から学び続けようという姿勢を包含しています。私自
身、「他から学べない宗教は、本物ではない」と考えています。だからこ
そ、創価学会はキリスト教からも真摯に学んでいくことができるはずです。

「理性への過信」に陥らず、宗教の王道を

佐藤　創価学会には、キリスト教の成功から学ぶだけではなく、失敗の側
面からも学んでいってほしいと思います。では、キリスト教の最大の失
敗は何かといえば、近代において、特にプロテスタンティズムにおいて、

「理性を中心とした形で宗教の再編が可能だ」と考えたことだと思います。そのことが何をもたらしたかといえば、第一次世界大戦でした。

松岡 それはつまり、「キリスト教文明の理性に対する過信が、第一次世界大戦に結びついた」という見立てでしょうか?

佐藤 ええ。「理性に対する過信」は、科学技術に対する過信に結びつき、「人類の英知があれば世界平和は保てる」という過信に結びつきました。科学技術に対する過信は、大量殺戮兵器の発達を生んでしまいました。また、人類の英知に対する過信は、国際連盟の失敗に結びつき、「鬼子」としてナチズムのような狂気の思想を生み出しました。

松岡 キリスト教が「理性主義」を後押ししていたということですか?

佐藤 そうなんです。少なくとも、十九世紀のプロテスタンティズムにおいては……。一方、カトリックにおいても「カトリック・モダニズム」という潮流が生まれ、やはり理性への過信を深めていきました。

松岡 そうしますと、アドルノ(ドイツの哲学者)が『啓蒙の弁証法』で指摘した「啓蒙の暴力」という問題も、その背景にはキリスト教があったという見方になりますか?

佐藤　そのとおりです。キリスト教の後押しがなければ、「啓蒙の暴力」が歴史の主流に浮上することはなかったはずです。そのことが端的に表れているのが、アドルフ・フォン・ハルナックという、当時「ヨーロッパ最大の知識人」とも目されたドイツの神学者が、第一次世界大戦に際して、ドイツ皇帝ヴィルヘルム二世による参戦メッセージの起草に関わり、戦争を肯定する「知識人宣言」に署名したことです。ヨーロッパきっての大物神学者が、戦争を礼賛し、平和主義を否定したのです。これは、キリスト教の歴史に汚点を残す大失敗でした。

松岡　二十世紀のように世俗化が進んだ時代にあっても、やはり宗教が時代の流れの背景に根強くあったのですね。

佐藤　ええ。先ほど論じた、文献学的真実のみを重んじて宗教的真実を軽んずる傾向の危険性も、第一次大戦に結びついたキリスト教の「理性への過信」と通底しています。文献学のなかにあるような合理主義を徹底して進めていくと、人間の価値のごく一部にすぎない「合理性」が不当拡張されてしまい、絶対的価値であるかのような扱いを受けてしまう。それは、非常に危険なことです。キリスト教が陥った「理性への過信」が、第一次世界大戦以来の百数十年にわたる人類史の混乱を生み、大量殺戮を生み、一方では無神論の跋扈につながって、共産主義という〝宗教性を隠蔽した特異な宗教〟を発展させてしまった。そしてそのことが、人類にとって大きな災厄を生んでしまった。それらは、キリスト教が本来やるべきことをやり、「理性への過信」に陥らなければ起きなかったことだと思います。

理性というものは、とかく不当拡張しやすい。そして、そのことによって宗教本来の価値を侵食していってしまうのです。キリスト教神学は、十九世紀から二十世紀にかけてその陥穽にはまってしまいました。もちろん、そのように私がキリスト教の「負の歴史」を批判するのも、自らの信仰が揺るぎないからこそですが……。

松岡　今後、創価学会が世界宗教化していくにあたって、教学の近代化ということが大きなテーマとなるわけですが、それは「仏教の近代化」ではなく、あくまで「近代の仏教化」でなければならないですね。そうでないと、「仏教の近代化」を焦るあまり、「理性への過信」に陥ってしまいかねない。

佐藤　その危険を過小評価すべきではありません。教学が文献学の方向に傾きすぎると、そうなりかねない。宗教的価値を重んじる心を忘れてはいけないのです。かつてのキリスト教と同じ轍を、これからの創価学会に踏んでほしくないと思います。

ともあれ、創価学会の内在的論理を知り尽くした松岡さんという論客と、一年にわたって語らうことができて、非常に刺激的で楽しい対談でした。ありがとうございました。

松岡 佐藤さんには、学会員にはない視点から学会のことを縦横に論じていただき、私も教えられる点が多々ありました。こちらこそ、一年間大変ありがとうございました。

あとがき

松岡幹夫氏との出会いは、私の人生にとってとても重要な出来事だ。松岡氏がまえがきに記されているような経緯で私たちは面識を得た。私にとって、松岡氏は、宗教、思想、人生などについて率直に語り合うことができるかけがえのない友人だ。

私が松岡氏を知ったのは、書物を通じてだった。いちばん最初に読んだのが、『日蓮正宗の神話』（論創社、二〇〇六年）だった。この本では、松岡氏と日蓮正宗の教学専門家たちとの論争について、実に知的刺激に富んだ論争が展開されている。この本を読みながら、私は宗教改革期におけるプロテスタントとカトリックの激しい論戦を思い出した。開かれた姿勢のプロテスタント神学者に対して、カトリック神学者は、トートロジー（同語反復）を多用する。ある種の前提を認めたうえで、演繹だけで問題を解決しようとする。こういう論理は、その前提を認めている人々の間では、絶対に正しいのであるが、それ以外の人にはまったく説得力を持たない。松岡氏の「プロテスタント的思考」に私は強い共感を覚えた。日蓮大聖人が書いたと伝えられるテキストについても、富士門流で正しいとされた教義についても、近代以降の歴史実証主義的な評価に照らして疑念があるものについては、それを率直に受け止める。それを踏まえたうえで、「生きている宗教」としての創価学会の血となり、肉となる思想を形成しようと松岡氏は努力しているのである。

『日蓮正宗の神話』のあとがきを読んで、私は松岡氏の履歴を知った。読み進めるうちに目頭が熱くなった。松岡氏はこう記している。

〈時の流れは恨めしいほど速い。私が日蓮正宗を離脱してから、あっという間に十五年近くが経った。日蓮正宗、最終的には仏教界全体の改革を目指し、有志十名とともに一団を結成した時、私はまだ三十才になったばかりだった。

　当時の日蓮正宗管長は阿部日顕氏であり、私を含む五名の青年僧は、阿部氏の面前で大石寺離山の意志を表明する機会を得た。平成四（一九九二）年三月三十日の夜七時頃のことである。その時、興奮した百数十名の所化たちに取り囲まれた私たちは、騒然たる雰囲気の中で罵られ、法衣をつかまれ、多勢に無勢であっけなく拘束された。〈このままでは流血の惨事が起きる〉。そう予感した私は、何とか警察に通報しようと大石寺大坊の外に走り出たが、その前に曹雄理氏（当時は臼倉姓）から拳骨で顔面を何度も殴打された。眼鏡のレンズが衝撃で落ち、フレームも曲がり、私自身は全治二週間のケガを負った。

今、その壊れた眼鏡を手に取ると、血気盛んだった青年時代の情熱が昨日のようによみがえってくる。離脱の声明文を起草する際に「青年僧侶改革同盟」という大仰な名称を考案したが、この名称が、かくも長く使用され世に広まるとは、当時、夢想だにしなかった。ひとえに、我が同盟の諸氏による目覚しい活躍のおかげである。私も、微力ながら同盟の一員として活動を続け、今日に至っている。他方で、年甲斐もなく大学院に戻り、仏教思想の研究者にもなった。〉(松岡幹夫『日蓮正宗の神話』、四〇九ページ)

松岡氏と私は同世代(松岡氏が一九六二年、私が六〇年)の生まれだ。松岡氏が青年僧侶改革同盟を結成したころ、私はモスクワの日本大使館政務班で、最末端の三等書記官として勤務していた。一九九二年三月三十日というと、ソ連崩壊から三カ月を経ており、この年の一月二日にロシア政府は「ショック療法」と呼ばれる急激な資本主義への移行政策を導入し、物価統制を撤廃した。商店には物があふれるようになったが、インフレも急速に進んだ。一九九二年のインフレ率は政府発表でも二五〇〇パーセントを超えた。庶民の貯金は無となった。ソ連時代の計画指令経済は崩壊したが、新たな経済システムはいまだ形成されていなかった。ただし、国民はソ連型の全体主義体制から解放され、本当に喜んでいた。そのようななかで、私のロシア要人への人脈も急速に拡大した。クレムリン（大統領府）や最高会議（政府）の高官と親しくつきあうようになった。もっとも私の仕事は、ロシア政治に関する情報を収集し、分析することだけではなかった。ロシアの権力中枢部に味方をつくり、北方領土返還に向けた流れをつくることだった。私はこの課題に、文字通り、命懸けで取り組んだ。その結果が、十年後の二〇〇二年に鈴木宗男事件に連座し、東京地方検察庁特別捜査部に逮捕されることにつながるとは、あの時点では、夢にも思っていなかった。

松岡氏のあとがきを読みながら、頭のなかに過去の記憶が走馬燈（そうまとう）のようによみがえってきた。そして、松岡氏もソ連崩壊と同程度の意義を持つ歴史的事件の現場証人だという認識を抱くようになった。

その歴史的事件とは、創価学会の世界宗教化である。その過程がキリスト教に似ているのだ。この点については、本書の対談で詳しく論じたので、ここで屋上屋を重ねることは避けるが、あえて図式化するならば、キリスト教と創価学会の過程を三つの点で類比的にとらえることができる。

第一は、宗門との訣別（けつべつ）だ。キリスト教はユダヤ教（特にパリサイ派という宗門）と訣別することによって、世界宗教になった。松岡氏が、日蓮正宗を離脱したのも、創価学会が世界宗教になる過程での必然的出来事なのである。

第二は、世界広宣流布（キリスト教的に言うならば世界伝道）だ。ユダヤ教と訣別したパウロは、小アジア、ギリシャ、ローマなど、当時の人々が考えていた世界への伝道を行った。創価学会は、ＳＧＩ（創価学会インタナショナル）によって、仏法を世界的規模で広宣流布している。

第三は、与党化だ。キリスト教は、三一三年のミラノ勅令でローマ帝国による公認宗教となった。これによってキリスト教は与党化した。世界宗教は、いずれも与党で、既存の社会システムの存在を認めたうえで、変革を行っている。創価学会を支持基盤とする公明党が与党になった。このことも、創価学会が世界宗教となるという文脈でとらえなくては、事柄の本質を見失う。公明党が与党になったことで、集団的自衛権、平和安全法制についても、実質的に平和を維持、強化することが可能になったのである。

このような創価学会の世界宗教化は、池田大作創価学会名誉会長（ＳＧＩ会長）という傑出した宗教者の卓越した指導力によって進められているのである。松岡氏の思考の根源にも、池田名誉会長の存在がある。松岡氏の思考の特徴は、師弟不二を体現し、常に池田名誉会長を原点にしているところにある。そこから私は多くのことを学んだし、これからも学び続けたいと思う。

池田名誉会長は、苦難についてこう述べる。

〈苦しんでいるときは、この闇が永遠に続くような気がするかもしれない。しかし、夜は必ず朝になる。冬は必ず春になる。永遠に続く夜も、永遠に続く冬も絶対にない。誰よりも苦しんだ人は、誰よりも人の心がわかる人になる。その人こそが、偉大な使命を果たせるのだ。〉（池田大作『池田大作名言100選』中央公論新社、二〇一〇年、六七ページ）

松岡幹夫氏の半生は、池田会長の言葉が正しいことを証明している。

本書を上梓（じょうし）するにあたっては、第三文明社の皆さんに大変にお世話になりました。どうもありがとうございます。

二〇一五年十月二十七日、曙橋（東京都新宿区）の自宅にて

佐藤　優

本書は、月刊誌『第三文明』に連載された「創価学会とは何か」（二〇一五年二月号～一六年一月号）を加筆・修正し、再編集したものです。

著者略歴

佐藤 優（さとう・まさる）
1960年、東京都生まれ。作家。同志社大学大学院神学研究科修了後、専門職員として外務省に入省。在ロシア日本大使館に勤務し、主任分析官として活躍。2002年、背任と偽計業務妨害容疑で逮捕、起訴され、09年6月執行猶予付有罪確定。13年6月執行猶予満了。著書に、『国家の罠』（新潮文庫、毎日出版文化賞特別賞）、『自壊する帝国』（同、大宅壮一ノンフィクション賞）、『私のマルクス』（文春文庫）、『創価学会と平和主義』（朝日新書）、『知の教室』(文春文庫)など多数。

松岡幹夫（まつおか・みきお）
1962年、長崎県生まれ。東日本国際大学教授、同東洋思想研究所所長。創価大学教育学部卒。東京大学大学院総合文化研究科・博士課程修了。博士（学術・東京大学）。86年、静岡県の日蓮正宗大石寺で得度し僧侶となり、雄茂（ゆうも）と号した。92年、大石寺を離れ青年僧侶改革同盟を結成。その後、日蓮研究者としても活躍。著書に『平和をつくる宗教』（第三文明社）、『日蓮仏教の社会思想的展開』（東京大学出版会）、『超訳日蓮のことば』（柏書房）、『宮沢賢治と法華経』（昌平黌出版会）など多数。

創価学会を語る

2015年11月28日／初版第1刷発行
2016年 1 月26日／初版第4刷発行

著　者　佐藤 優／松岡幹夫
発行者　大島光明
発行所　株式会社　第三文明社
東京都新宿区新宿1-23-5
郵便番号　160-0022
電話番号　03（5269）7154（編集代表）
03（5269）7144（営業代表）
03（5269）7145（注文専用ダイヤル）
振替口座　00150-3-117823
URL　http://www.daisanbunmei.co.jp
印刷・製本　藤原印刷株式会社

ISBN 978-4-476-03352-6